美しいしぐさが身につく

ずっと
憧れていた!

いちばんやさしい

大人のバレエ・レッスン

Ballet Lessons

龍岡玲子
Tatsuoka Reiko

PHP

はじめに

誰もが一度はバレエに憧れたことがあるのではないでしょうか。

真っ白なチュチュやトウシューズ、そしてバレリーナのしなやかな踊り……バレエのことを考えるだけで、キラキラ、ふわふわと気持ちが上がります。日常にはない、優雅《ゆうが》さや高揚感を与えてくれるのがバレエの世界です。

うれしいことに、最近は大人になってからバレエを始める方が増えているそうです。憧れだったバレエを自分が踊る側になるなんて、とても素敵なことです。

でもなかには、「体がかたいから無理」「敷居が高いイメージ」「大人になってから始めるのは恥ずかしい」と、躊躇《ちゅうちょ》している方もいるかもしれません。本当は、バレエを始めてみたいのに……。

でも、大丈夫です！　そんな方たちにもバレエの楽しさを知ってもらえるのが本書です。本書では、基本のポディションからバーレッスン、センターレッスンまで、入門レベルの内容を写真でわかりやすく解説しました。

初心者の方が気をつけるべきポイントを、できるかぎり絞って紹介しています。また、すでにレッスンに通っているという方は、本書を見ながら、おうちで復習してみてくださいね。

さあ、あなたを美しく輝かせてくれるバレエの世界に、勇気を出して一歩踏み出してみましょう！

龍岡　玲子

Contents

Chapter 4 バレリーナストレッチ

この本の使い方

本書は、バレエが初めての方向けの入門書です。初心者向けのレッスンの流れが理解できる構成になっています。できればChapter 1〜3は順に進めて、Chapter 4は毎日のエクササイズなどに使用してください。

Chapter 1
基本のポディション
→P17

クラシック・バレエでは脚の位置や腕の運び方など、さまざまな約束事があります。バレエのレッスンを始めるのに欠かせない、基本の姿勢やポディションを学びます。

Chapter 2
バーレッスン
→P27

バレエのレッスンで欠かせない、踊る体をつくるための基礎づくりです。初心者向けに通常のバーレッスンから抜粋して紹介しています。

Chapter 3
センターレッスン
→P51

バーを離れて、空間の中で立体的に踊るレッスンです。初心者の方でも、バレエを踊っているという気分を味わえる内容になっています。

Chapter 4
バレリーナストレッチ
→P65

バレエを踊るために必要な筋力や体の感覚を育てるためのストレッチです。レッスン前後や、毎日のエクササイズとしてご活用ください。

レッスンページの見方

パ（ステップ）の名前

バレエ教室などで一般的に使われている呼び名を紹介しています。

ポイント

動き方のコツやヒントを紹介します。

解説

基本的な動き方などを紹介します。

単語と意味

名前を覚えるときに、知っておくと便利です。

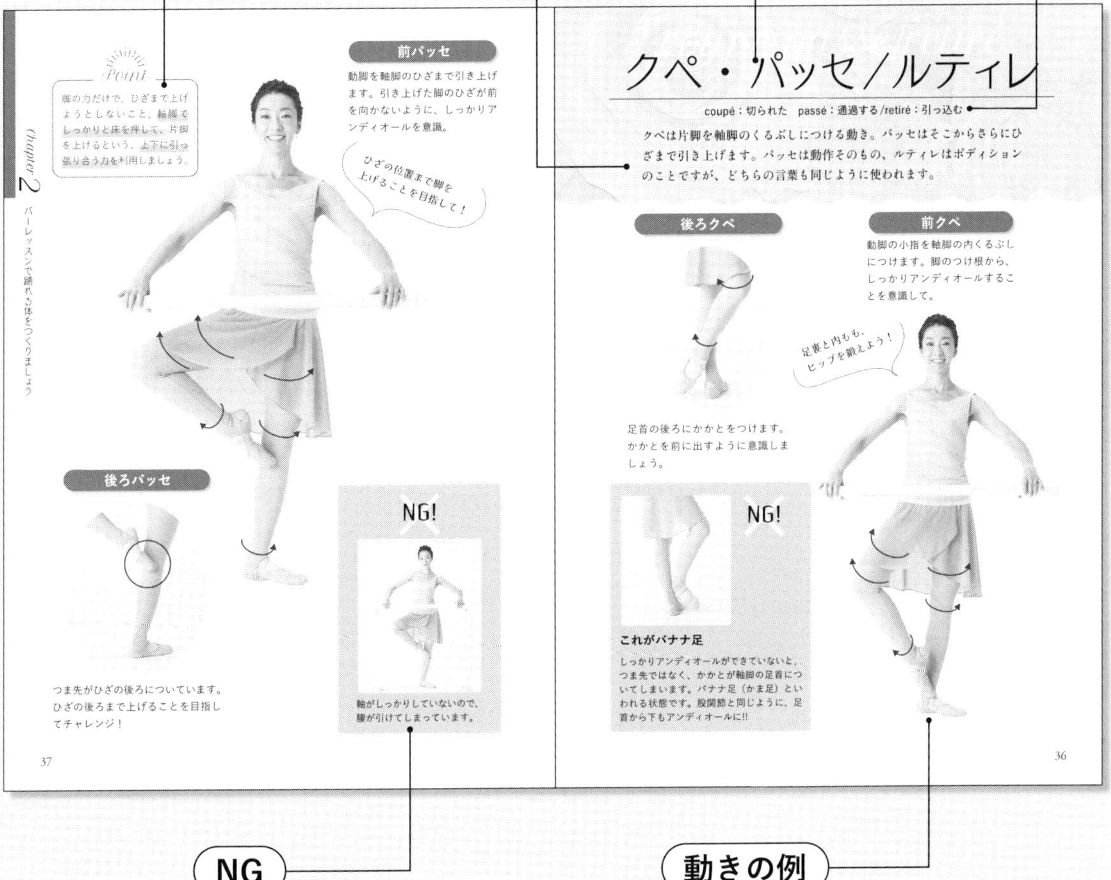

クペ・パッセ／ルティレ

coupé：切られた　passé：通過する /retiré：引っ込む

クペは片脚を軸脚のくるぶしにつける動き。パッセはそこからさらにひざまで引き上げます。パッセは動作そのもの、ルティレはポディションのことですが、どちらの言葉も同じように使われます。

後ろクペ

足首の後ろにかかとをつけます。かかとを前に出すように意識しましょう。

前クペ

動脚の小指を軸脚の内くるぶしにつけます。脚のつけ根から、しっかりアンディオールすることを意識して。

足裏と内もも、ヒップを鍛えよう！

NG!

これがバナナ足

しっかりアンディオールができていないと、つま先ではなく、かかとが軸脚の足首についてしまいます。バナナ足（かま足）といわれる状態です。股関節と同じように、足首から下もアンディオールに!!

36

Chapter 2

バーレッスンで踊れる体をつくりましょう

Point

脚の力だけで、ひざまで上げようとしないこと。軸脚でしっかりと床を押して、片脚を上げるという、上下に引っ張り合う力を利用しましょう。

前パッセ

動脚を軸脚のひざまで引き上げます。引き上げた脚のひざが前を向かないように、しっかりアンディオールを意識。

ひざの位置まで脚を上げることを目指して！

後ろパッセ

つま先がひざの後ろについています。ひざの後ろまで上げることを目指してチャレンジ！

NG!

軸がしっかりしていないので、腰が引けてしまっています。

37

NG

陥りがちなNGポーズや注意したい点を解説します。

動きの例

レッスンでよく行われている動き方の例と解説です。

Introduction 1

大人バレエを始めると美しいしぐさが身につきます

仕事や家事、育児で毎日がんばっている皆さんは、体を動かす時間もなかなかとれないかもしれません。でも何もしていないと、ますます体はかたくなりますし、衰えていきます。また、パソコンやスマートフォンの使いすぎで姿勢が悪くなると、年齢より老けて見えてしまうことも。

そこでおすすめしたいのが、バレエです。バレエの動きは、体に軸をつくり、ボディラインを若々しく引き締めてくれる効果があります。さらに、普段の立ち居振舞いやしぐさも、優雅に美しく見えるようになるのです。

たとえば、手の美しさ。バレエの手先の動きはとても繊細《せんさい》です。手先そのものはもちろん、笑ったときに口元を隠すしぐさや、何かを手にとるしぐさも、自然と美しくなっていくのが女性としての楽しみでもあります。

毎日、こんな悩みを抱えていませんか？

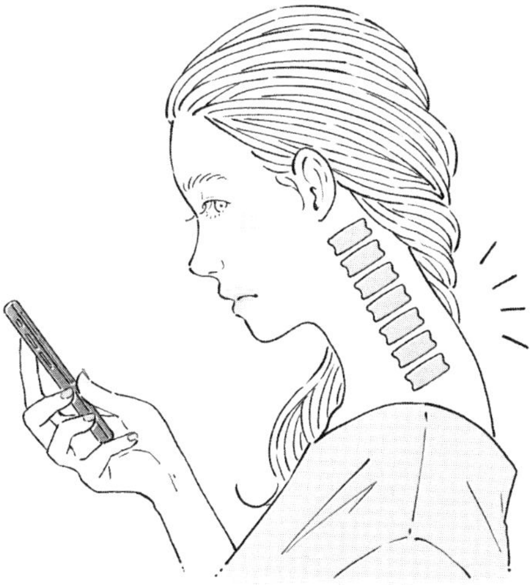
スマホ首

猫背

ぽっこりお腹

雑な姿勢

バレエの「体の軸づくり」「ボディラインの引き締め」で
美しい姿勢とエレガントなしぐさが自然と身につきます。

Introduction 2

大人バレエをグン！と素敵にするコツ

バレエダンサーのたたずまいの美しさは、幼いときからコツコツとレッスンを積み重ねてきた賜物《たまもの》といえます。でも、大人から始めても、十分に美しい姿勢や所作を磨くことはできます。ここでは大人バレエを美しく見せてくれる３つのポイントをご紹介します。実際にレッスンを始めてみて、「なかなかバレエっぽい動きにならない！」という悩みを抱えている方も必見です！

レッスンで、正しい動きをすることだけを考えると、筋トレをしているようでつらくなってきます。それよりも、美しく、エレガントな動きをイメージした方が、レッスンが楽しくなります。そのためのコツをお伝えしますね。

Point 1
デコルテを美しく見せる

女性磨きはデコルテから。
デコルテを開くと姿勢も伸びて、心までハッピーに！

目線を上げる

20cm、目線を上げてみて。腹筋も使えるようになり体幹も強くなります。

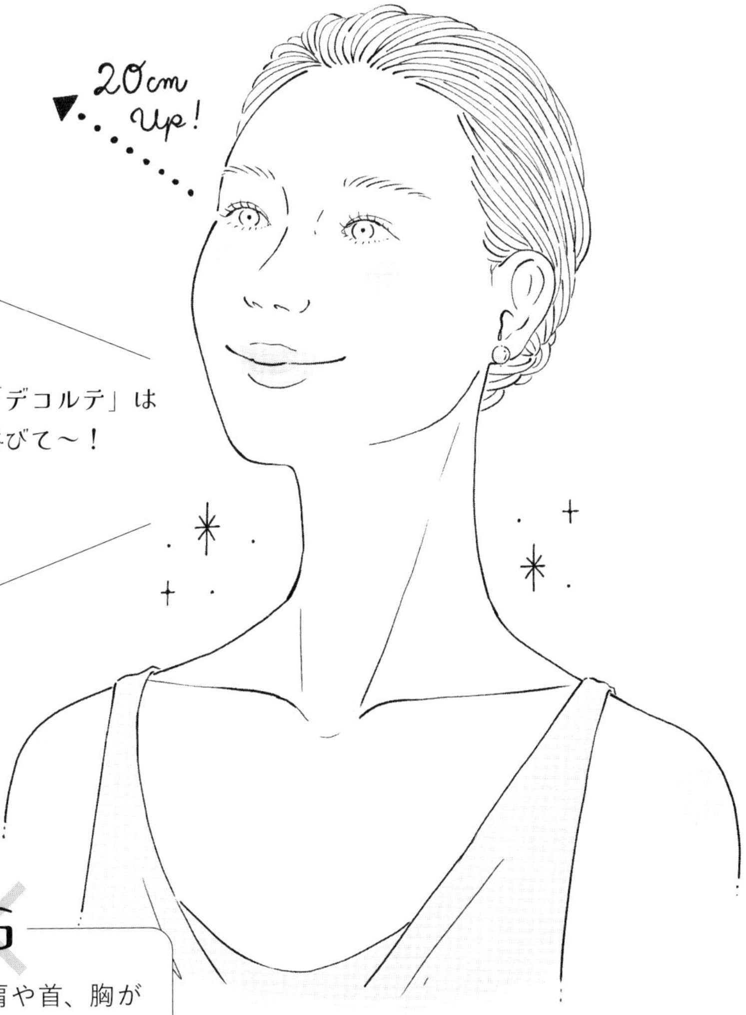

玲子流の「デコルテ」は
いい光を浴びて～！
笑顔で！

NG

猫背になって肩や首、胸が
前屈みになっていませんか？

Point 2
腕（アームス）の美しさを意識する

腕を遠くへ引っ張ることを意識しましょう。
バレリーナのような美しい動きができるようになります。

腕を遠くへ！

腕は、バレエで感情や音楽などを表現する重要な役割を担っています。

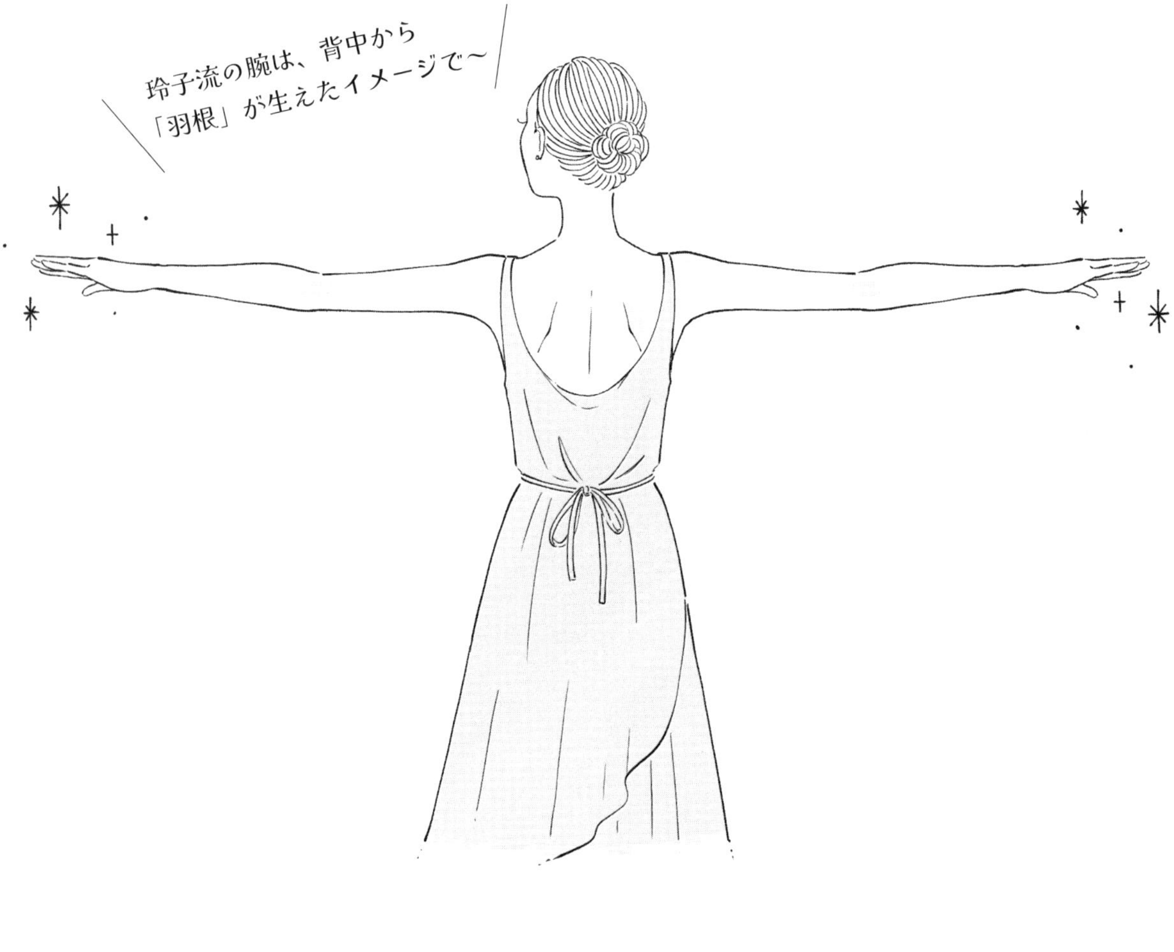
玲子流の腕は、背中から
「羽根」が生えたイメージで〜

★詳しくは、スワンアームスの動きで解説します（P77）。

Point 3
きちんと呼吸する

しなやかな動きをするためには、呼吸が大切。呼吸がきちんとできていないと、力が抜けず、かたい動きになってしまいます。

吐く呼吸が大切

吐く呼吸で体が伸びる！　これがバレエ呼吸の基本です。

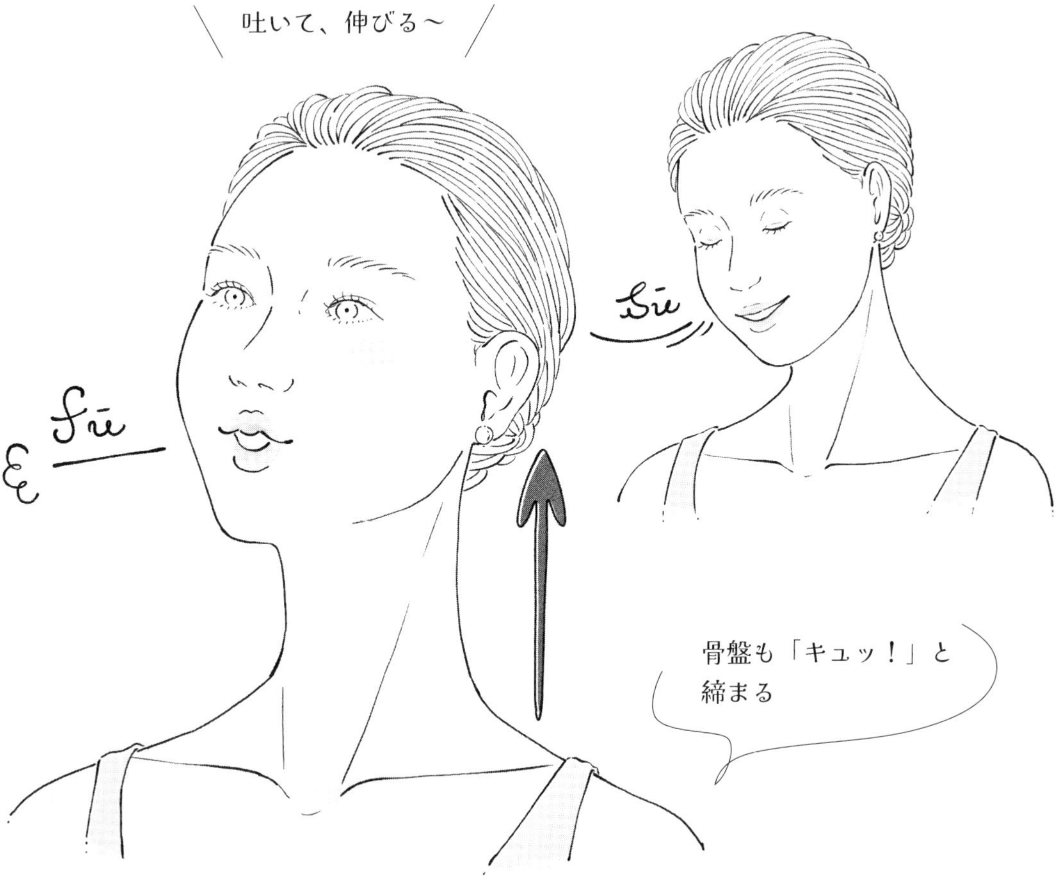

★バーレッスンでは右脚側と左脚側のどちらの向きも行います。右左をチェンジするときも、深呼吸をしてリセットしましょう。ニュートラルに始められます。

Introduction 3

大人の女性にメリットがいっぱい

年齢とともに、女性ホルモンの分泌量《ぶんぴつりょう》は減り、肌のハリが失われ、全身を支える筋肉の弾力も落ちてきます。何もしなければ、内側からボディラインが崩れてくるのです。とくに女性の老化に関わるのが骨盤底筋《こつばんていきん》。骨盤内の３つの臓器（腸・子宮・膀胱《ぼうこう》）が加齢で下がってくると骨盤底筋が緩《ゆる》み、尿もれや骨盤臓器脱、更年期うつなどさまざまな女性の不調へとつながりやすくなるのです。

一方で、バレリーナの美しいプロポーションとしなやかな動きは、バレエという踊り自体に秘訣《ひけつ》があり、特有の動きが、まさに落ちてくる筋力や骨盤底筋をうまく引き締めてくれるのです。

音楽や美しい動き（ゆっくりでも必ず形はキレイになってきます）は、心を潤《うるお》し、ホルモンにもいい作用が期待できます。

つまり、大人バレエは、年齢を美しく重ねるエイジングケア法なのです！

骨盤底筋を引き締めると
こんなによいことが！

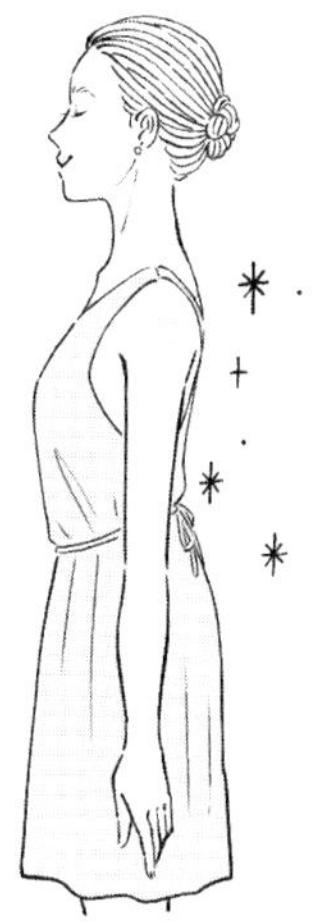

1

姿勢の改善

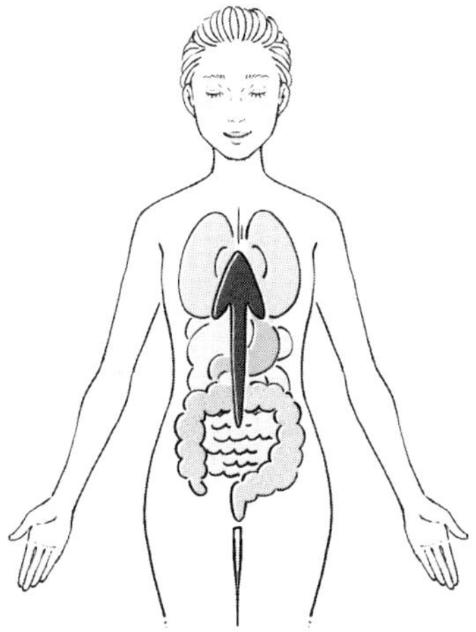

2

内臓が引き上がる

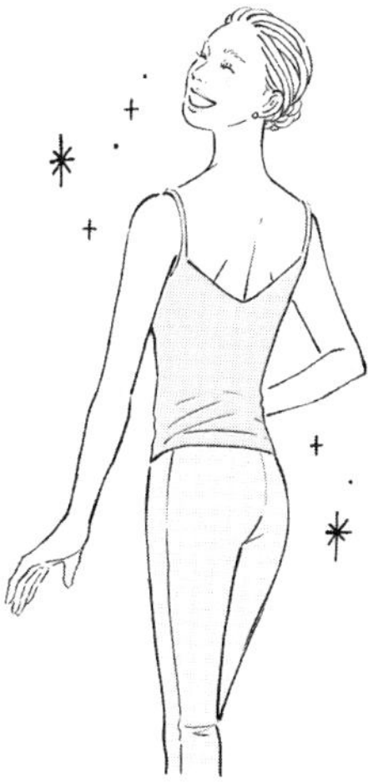

3

尿もれなど
更年期の症状のケア

4

全身の代謝、
血流アップ

5

女性ホルモンアップ

6

下腹ぽっこり、
たれ尻などの改善

玲子流 もっとバレエが楽しめるヒント

「美しいな」「心地いいな」「しあわせだな」 さまざまな感情を開いてあげてください

バレエは総合芸術といわれます。ダンサーだけに注目しがちですが、音楽・衣装・舞台美術などさまざまな要素が詰まって、１つの舞台がつくられます。舞台に立つダンサーも、ただ教科書通りのテクニックを披露しているわけではなく、さまざまな物語の役になりきって踊っています。

バレエには言葉がない分、ダンサーの思いが、観ている私たちの深い感情に届き、感動するのですね。

観るのにも、踊るのにも、感性の豊かさは本当に大切だと思います。

美術館でアートにふれたり、好きな音楽を聴いたり、いい香りや自然にふれたりしながら、今日窓から差し込む陽の光に感動できるような、明るい心のひだを持ちたいものです。

ちょっとした毎日の美しさに気づけるようになったら、きっと踊り方だけでなく、普段の所作にもハッとするような美しさが出るものだと思います。

chapter 1

基本のポディション

バレエの基本姿勢「軸を意識！」

バレエの美しさは「軸」から生まれます。姿勢をまっすぐにしようと、体のどこかにギュッと力を入れるのではなく、頭のてっぺんから足の先まで細いラインが通っているようにイメージして立ちましょう。

基本の立ち方

足の裏で床をしっかり押して、上半身は引き上げます。上下、左右に引っ張り合う力が、美しい軸をつくり出します。

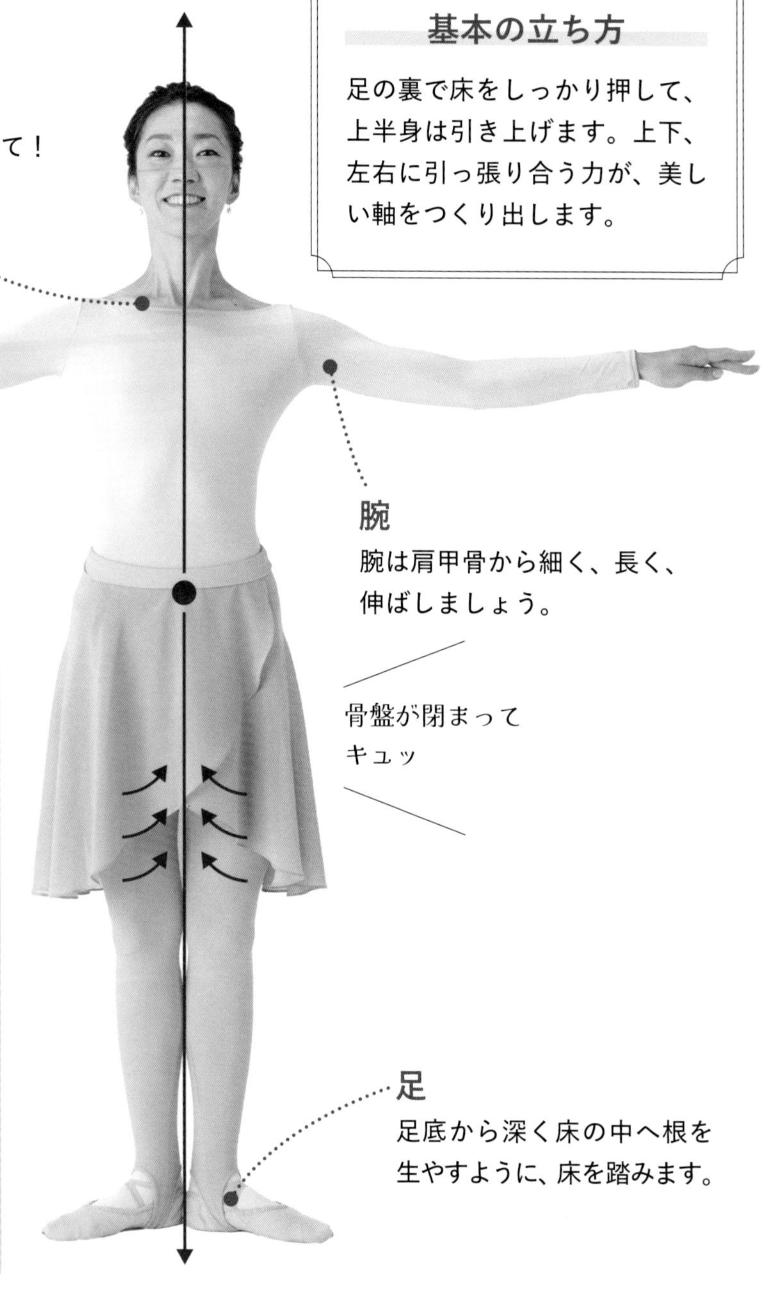

デコルテ
鎖骨をスーッと左右に開いて！
腕
腕は肩甲骨から細く、長く、伸ばしましょう。
骨盤が閉まって
キュッ
足
足底から深く床の中へ根を生やすように、床を踏みます。

NG!

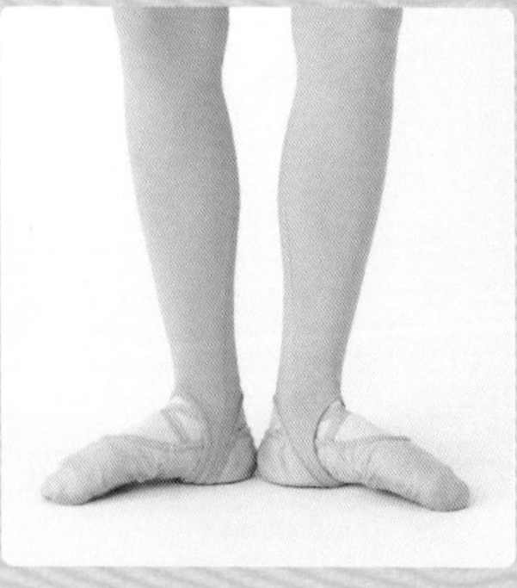

指が浮いてしまっています。親指・小指・かかとの３点で床をしっかり押しましょう。

バレエのレッスンでは、「体を引き上げて！」という先生の注意を聞くことがあるかも。水面から顔を出すような気持ちで立つとよいですよ。

「軸」のあり・なしを比較してみましょう

①ひざを曲げる動き（プリエ）

ひざを曲げても、上体は上にグッと引き上がっています。上体が引き上がっていないと、腹筋が抜けて反り腰になってしまいます。

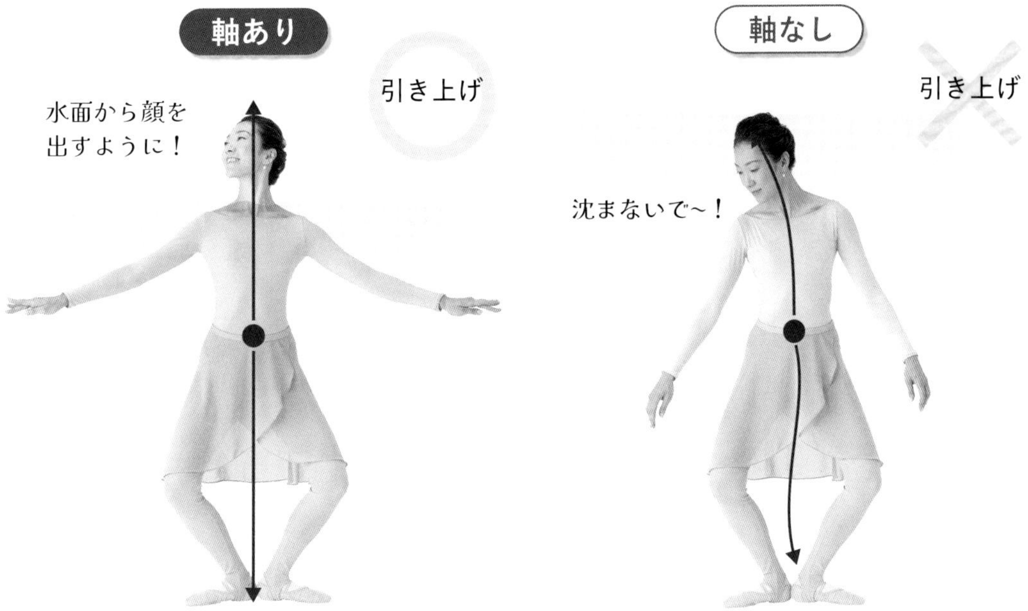
軸あり
引き上げ
水面から顔を
出すように！
軸なし
引き上げ
沈まないで～！

②サイドストレッチ

体の軸がないというのは、腹筋が引き上がっていないということです。
上体が前に倒れて、サイドもしっかり伸ばせていません。形も美しくありませんね！

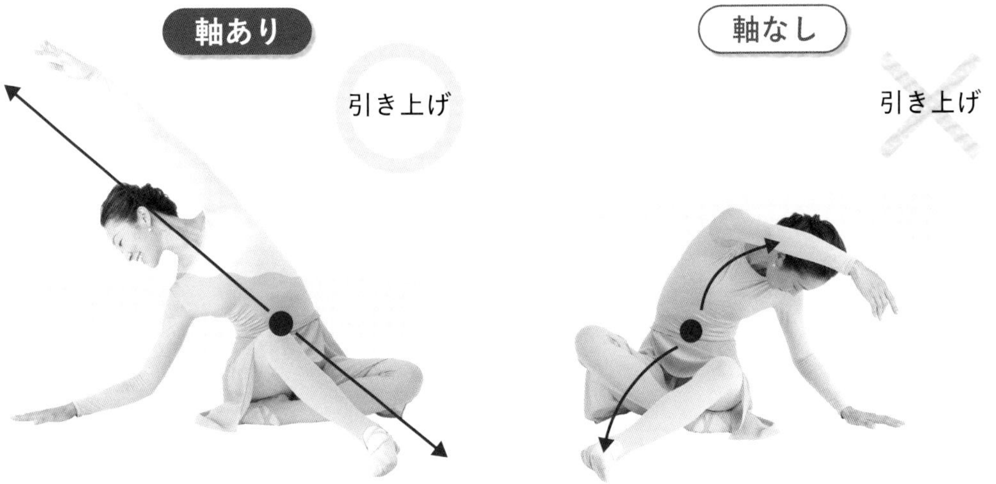
軸あり
引き上げ
軸なし
引き上げ

バレエの基本・アームスと顔の向き

白鳥のように腕（アームス）を優雅に使えたら素敵です。でも、習い始めは、腕がどう動いているのかよくわからないという人が多いかも。ここでは腕の動きをしっかり紹介します。

手先から上げるのはNG。脇、ひじから上げていくような気持ちで。

MEMO

腕の動きといっしょに顔の向きも変わります。胸を使いながら、目線は右の手のひらをのぞき見するように。

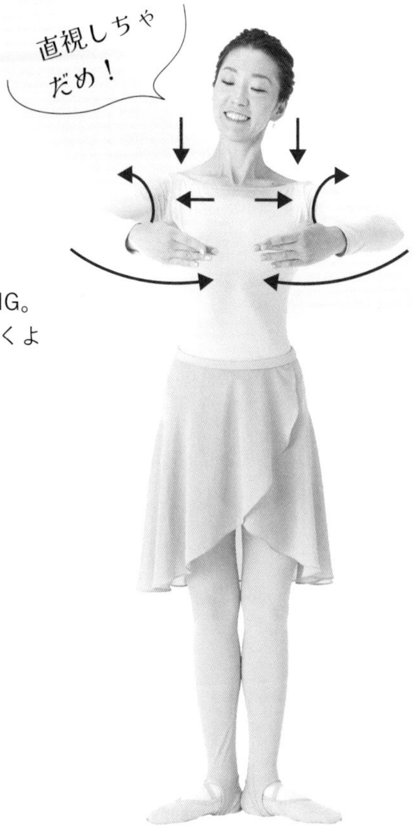

アン・ナヴァン

アン・バーから胸の前まで上げます。中指がみぞおちにくる位置に。

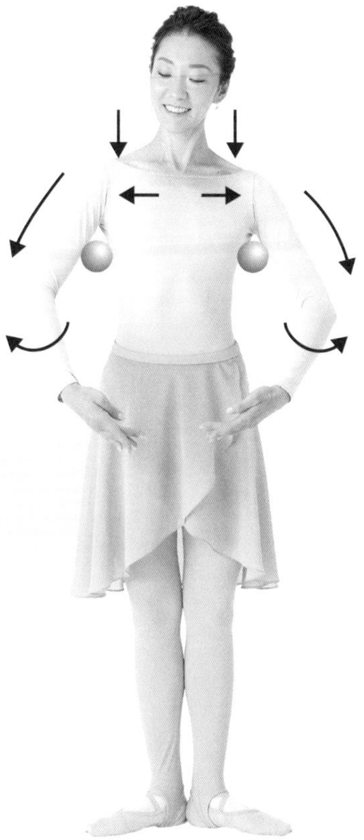

アン・バー

基本のポディション。手だけで形をつくろうとせず、背中、デコルテ、腕で円の形をつくるような気持ちで。手のひらとおでこを引き離すようにすると、上体が引き上がります。

手先は優雅に

力を入れずにすっと伸ばして。**親指は中に入れて、中指が糸で引っ張られている気持ちで！**　手にギュッと力が入っていたり、逆に手がだらりとしてしまうのはNG。

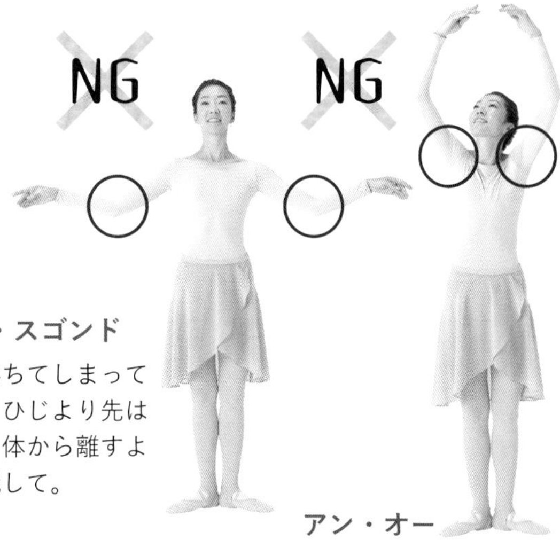

ア・ラ・スゴンド

ひじが落ちてしまっています。ひじより先は遠くへ、体から離すように意識して。

アン・オー

肩が上がらないように注意。肩が上がると首が詰まって美しくありません。

腕を下げるときもひじは遠く、腕そのものが長いままで。

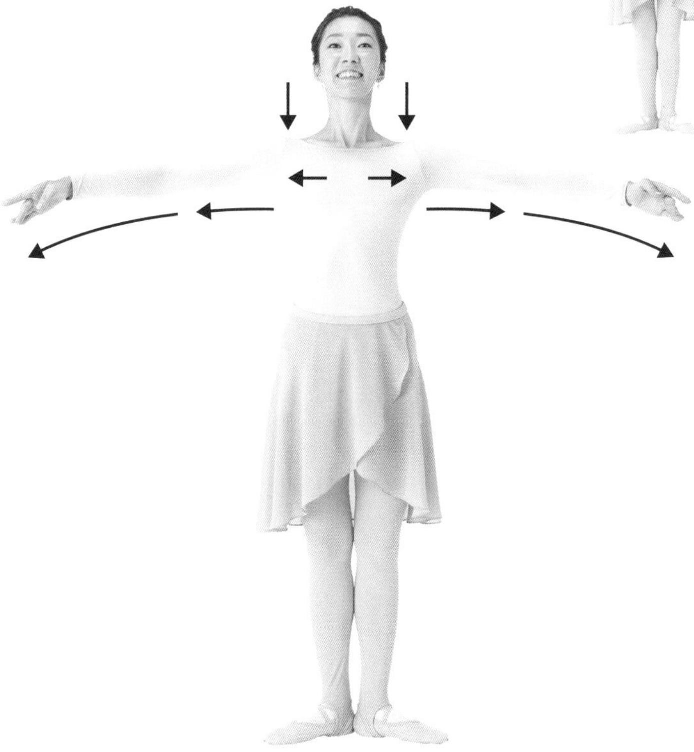

ア・ラ・スゴンド

腕を横に開きます。肩、ひじ、手首のラインに注意！

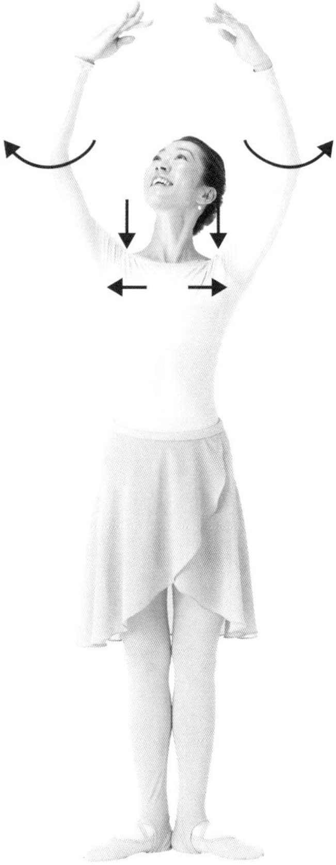

アン・オー

アン・ナヴァンから上へ。腕は頭上ではなく、ななめ前くらい。

アンディオールと足のポディション

アンディオールとは……

バレエで最も特徴的なことは、「アンディオール」（股《こ》関節《かんせつ》から外側に開くこと）。内転筋（内ももの筋肉）を使うことで、脚はすっきりと締まってきます。初めてのバレエでは、無理なくできる角度で開くことから始めましょう。

全ポディション「アンディオール」

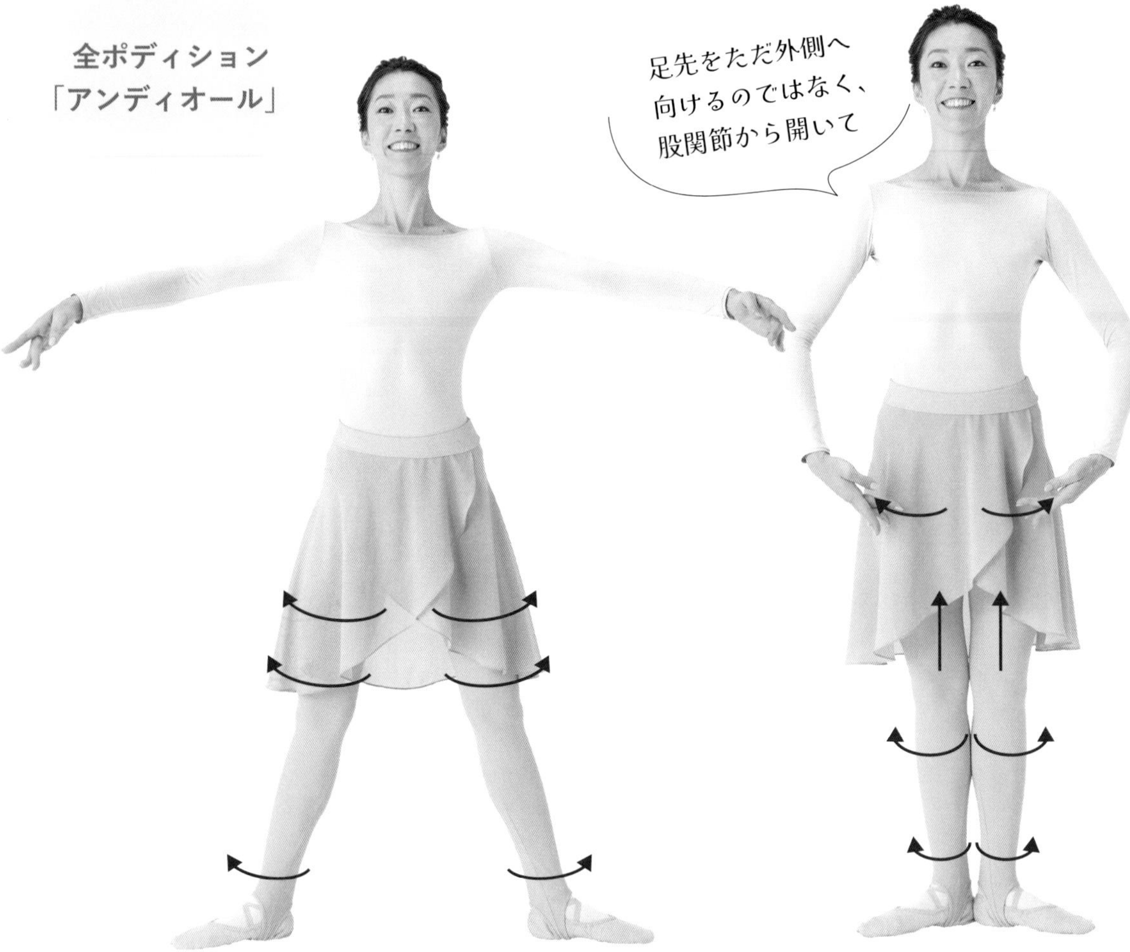

足先をただ外側へ向けるのではなく、股関節から開いて

2番ポディション

1番ポディションから横に開きます。足1つ半くらいあけます。

1番ポディション

両脚をまっすぐそろえて立ち、かかとはつけます。足を180度開くより、きちんと足裏で床を押し、キレイな軸をつくります。

お尻が出ないように、
引き上げて～！

重心が前後のどちらかに
かたよりがち。
重心は常に真ん中に！

5番ポディション（右足前）

脚をクロスして、右足のつま先と後ろ足のかかとが重なるように立ちます。内ももやお尻で、下半身を引き寄せます。

4番ポディション（右足前）

5番ポディションから、右足を足1つ分、前に出した立ち方。重心が前後の脚の真ん中にくるように注意して。

※3番ポディションはほとんど使われないので省略します（以下同）。

ポイントとフレックス

ポイントとフレックスは、足首の曲げ伸ばしの動作です。バレエでは、足首の柔軟性もとても大切。足首を育てることで、体がぐらぐらしなくなりますし、怪我《けが》の予防にもなります。

フレックス

足首を立てた状態。足首だけの力ではなく、かかとを前へ押し出すようにすると、ひざの後ろがよく伸びます。また、床をしっかり押すという動作もできるようになります。

ポイント

つま先までしっかり伸ばした状態。バレエでは床から離れたらほとんどがポイント。甲がしっかり伸びていることで、美しい形がつくられます。

パラレル（両足をそろえてひざ・つま先が正面向き）

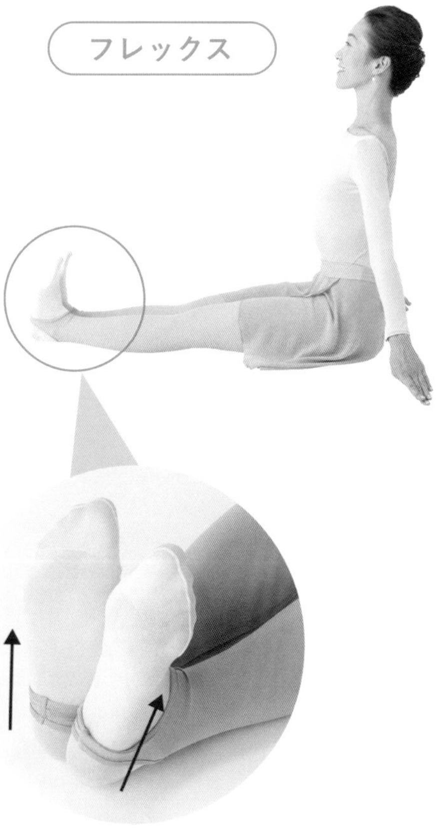

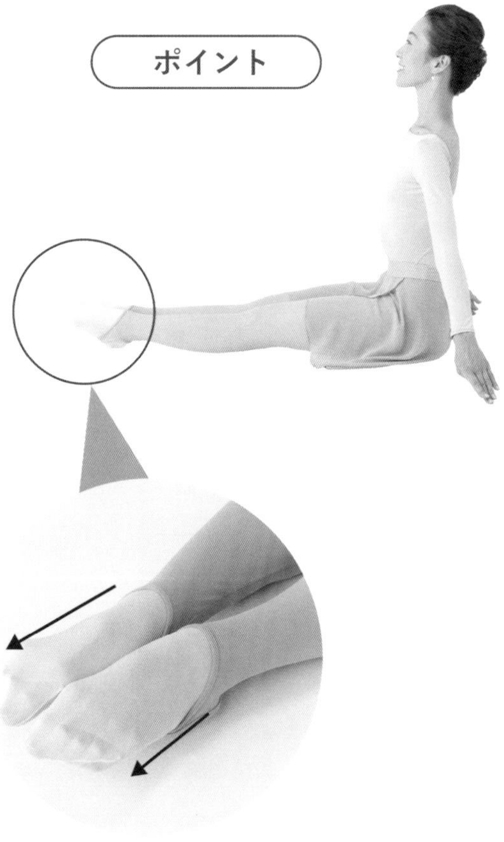

アンディオール

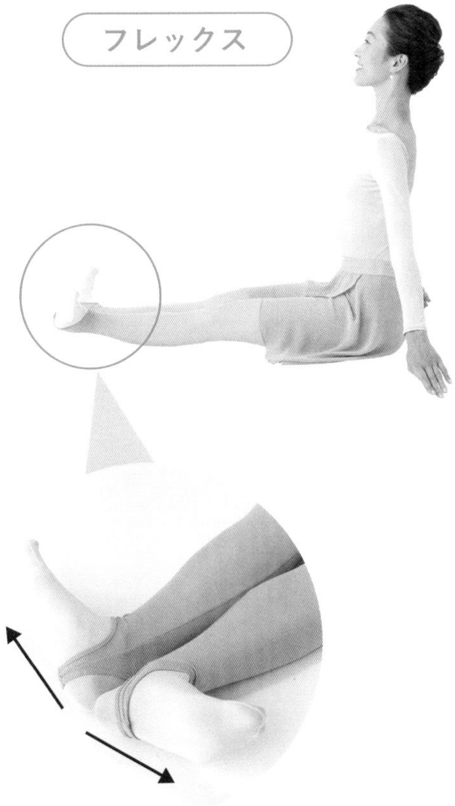

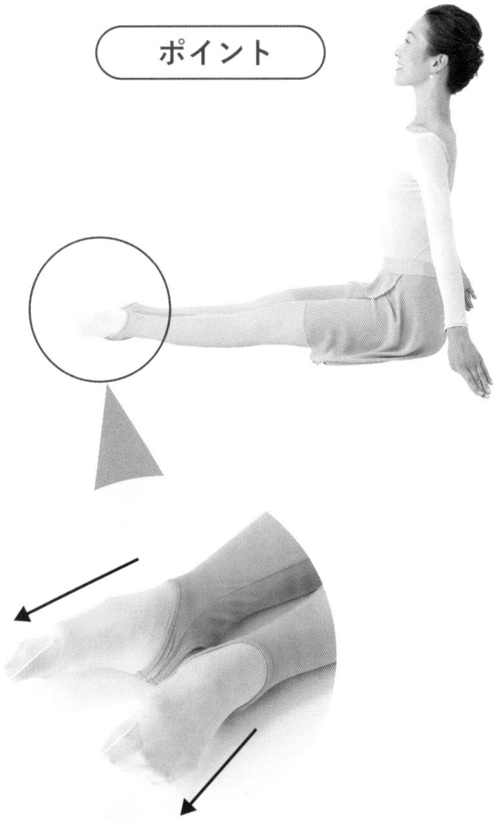

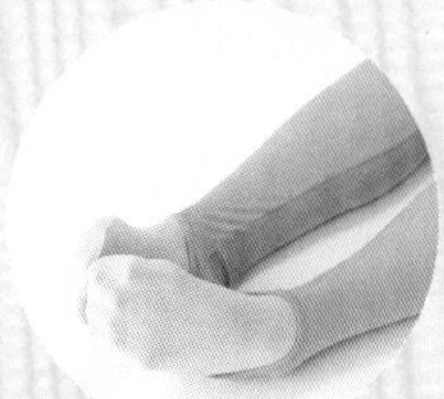

NG!

内側へ力が向くと、バナナ足といわれる状態に。指先までアンディオールを意識して！

床に対してのポイントとフレックス

ポイント

脚のラインの延長線上に、**足の甲をキレイに伸ばしましょう**。床にふれるのはつま先だけです。

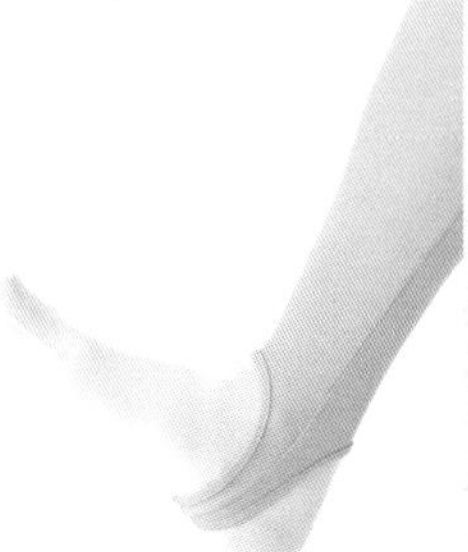

フレックス

かかとを押し出すようにして。**アキレス腱もしっかりストレッチしま**しょう。

Column 1

バレエに必要なもの

これからバレエを始めるという方は、できるならバレエシューズを用意していただきたいです。入門レベルなら、最初は靴下のみでも大丈夫ですが、バレエシューズを履くと一気にバレリーナ気分になれますよ。バレエシューズは、普段の外履きの靴よりもきつめでサイズ感が異なるので、フィッティングしてから購入しましょう。

その他あると便利なもの

鏡

できれば全身がうつるもの。正しいポディションができているかなどのチェックができます。

椅子

自宅にバーがないときは、椅子の背もたれなどを使っても。ぐらぐらしないものを用意しましょう。

ヨガマット

レッスン前にストレッチをするときに、あると便利。

chapter

2

バーレッスンで踊れる体をつくりましょう

Bar lesson

バーレッスンについて

初めてバーにふれたときのときめきは一生忘れられないかもしれませんね。気持ちのよい緊張感もわいてきます。憧れのバレエの世界。さあ、レッスンのスタートです！

バーレッスンでできないことは センターレッスンでもできません！

1 目的

バーレッスンは踊る体をつくるためのエクササイズです。他のダンスでも「基礎づくりにバレエを」といわれるのは、どんな動きでもまっすぐな背骨を保てる軸や、下半身の強さが大切だから。世界中のプロダンサーも日々のバーレッスンは欠かしません。

2 効果

バレエ特有の基本ポディションやアンディオールから派生した動きを繰り返すことで、股関節の柔軟性が高まり、姿勢も自然と伸びてきます。どちらかというと地道なレッスンですが、実際にフロアに出て踊るときに、必ず生きてきます。

3 美の効果

バーレッスンからデコルテやアームスを意識することで、引き上がった体づくりができます。年齢とともに落ちてくる筋力も矯正され、しなやかで美しい姿勢になります。そうすると、ちょっとした普段の所作も見違えるほど優雅になりますよ。

バーの持ち方と立つ位置

まずは両手でバーを持って、慣れてきたら片手バーでレッスンしましょう。バーがないときは、バーの代わりに椅子の背もたれなどにつかまっても大丈夫です。

両手バー

バーに向かってアン・ナヴァンをしたときに、手首の真下にバーがくる位置に立ちます。手はアン・ナヴァンからストンと落として、バーに添えます。

バーに近すぎ。ひじが落ちて、猫背になってしまっていますね。

片手バー

バーの横でア・ラ・スゴンドをしたときに、手首の真下にバーがくる位置に立ちます。手はア・ラ・スゴンドからストンと落として、バーに添えます。

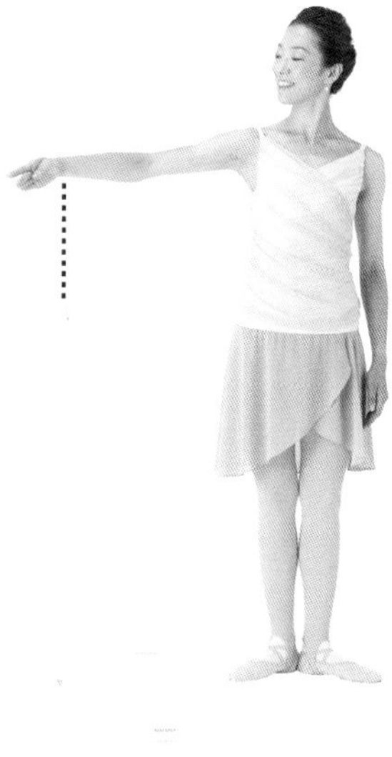

フワッとやさしくおきましょう。バーに近すぎると肩が上がってしまいます。

cambré
カンブレ

cambré：アーチ状に曲げる

普段、デスクワークなどでカチカチにかたまってしまっている肩甲骨まわりや胸をほぐしていきましょう。ゆっくり呼吸にのせて、しなやかな上半身をつくる練習です。前と後ろを３～５回繰り返しましょう。

前へのカンブレ

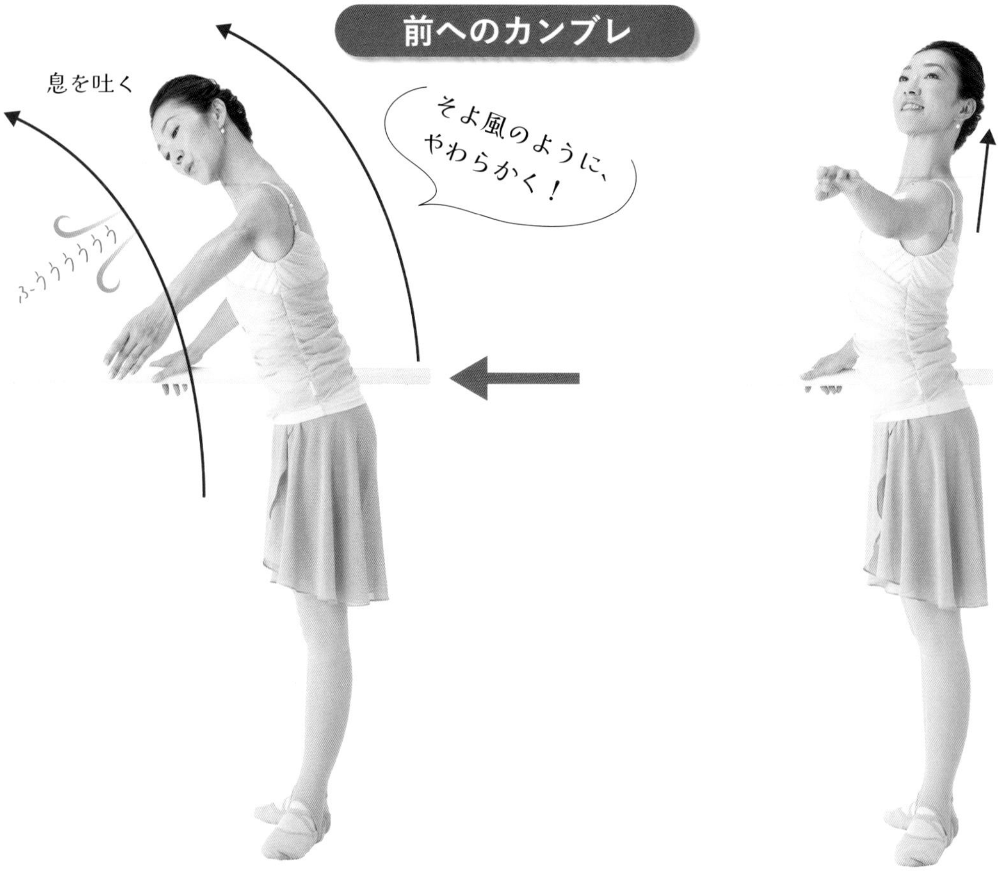

首を長く保ちながら、吐く呼吸で胸から前へ。しなやかな呼吸が背骨から抜けていくイメージで！

NG!

頭だけを前に倒さない。

後ろへのカンブレ

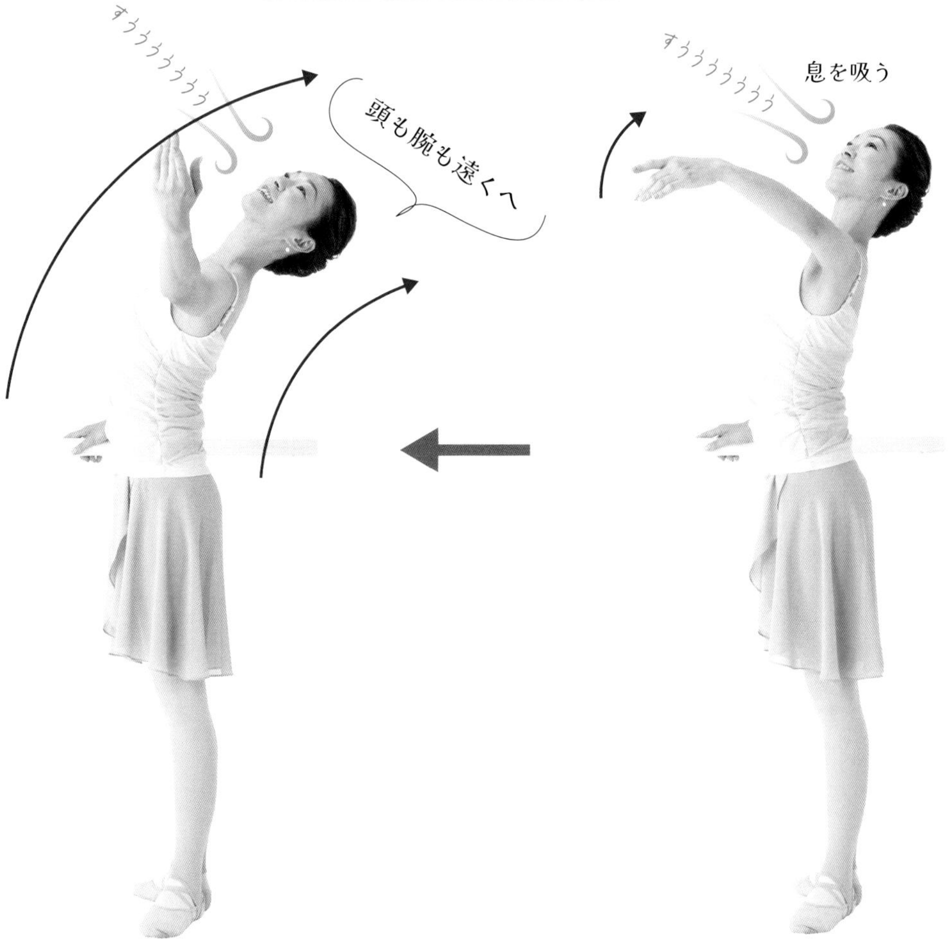

しっかり体を引き上げて、息を吸いながら後ろへ。
背面跳びのようなイメージで！

NG!

腰から反ってしまうのはNG。
軸がないとこういう形になって
しまいます。

demi plié

ドゥミ・プリエ

demi plié：半分折りたたむ

片脚または両脚のひざを曲げる動きです。「バレエはプリエから始まり、プリエで終わる」ともいわれ、ジャンプやステップの他、動きをつなぐ役割もします。効果としては、股関節まわりの柔軟性を高め、骨盤をしっかり立たせてくれます。

1番ポディション

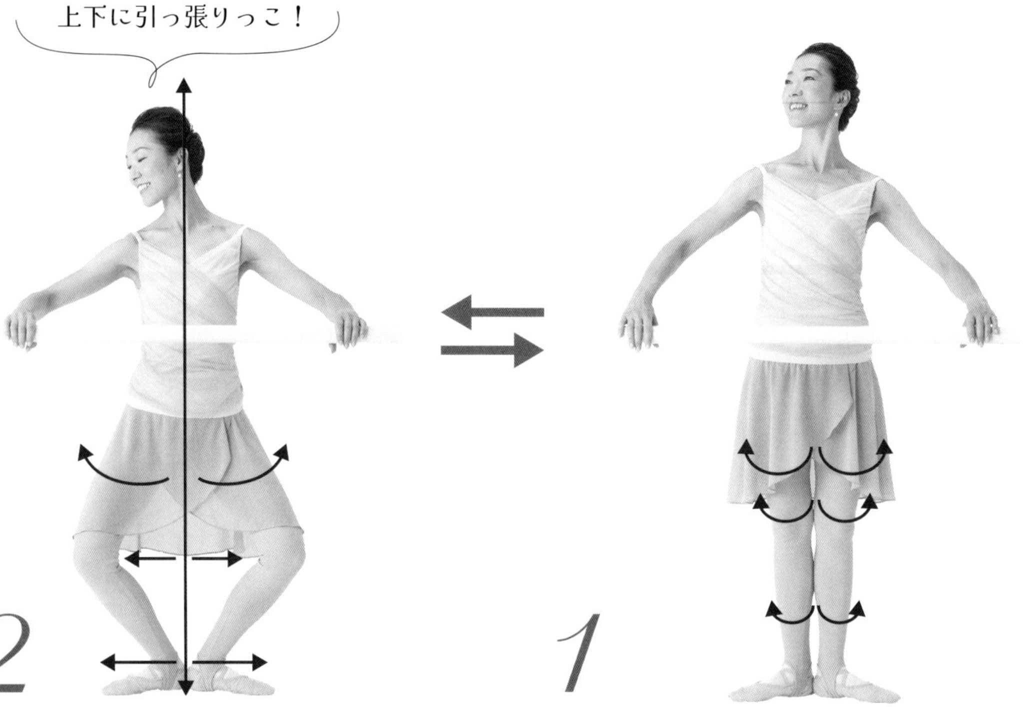

2

足の向きと同じ方向へひざを出します。かかとが浮かないギリギリまでひざを曲げます。体は下にいくけれど、上体は上へ引き上げます。

1

バレエは動き出す前の準備が大切。体の軸をしっかり意識して、デコルテを開きましょう。さあ、プリエしますよ！

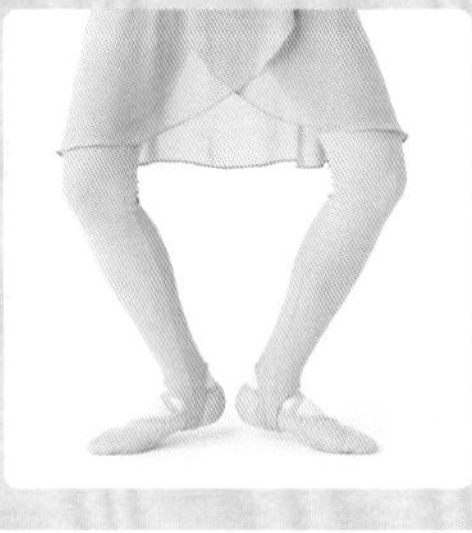

NG!

ドゥミ・プリエではかかとを上げません。足は無理して180度開こうとせずに、開ける角度でOK！

2番ポディション

股関節から開く意識で、ひざを曲げます。しっかり上半身を引き上げましょう。

NG! 前屈みになって、お尻が出ないように注意して。

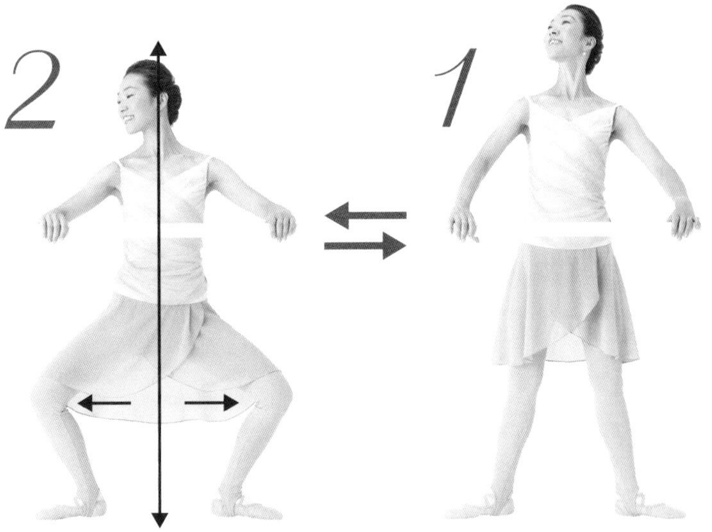

4番ポディション（右足前）

お尻が後ろ脚にのりがち。肩と骨盤は床と平行を保ち、お尻の位置は脚と脚の真ん中をキープ。

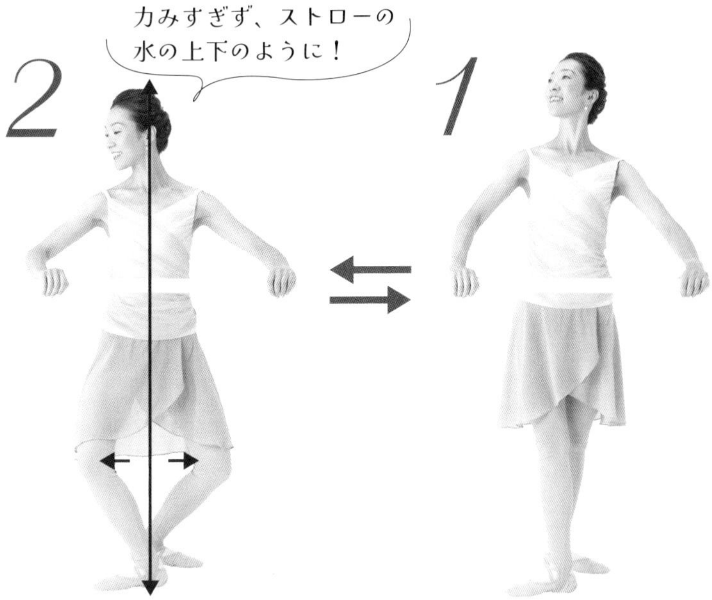

5番ポディション（右足前）

股関節から横へスライドするような気持ちで、ひざを曲げます。かかとが浮かないように気をつけて。

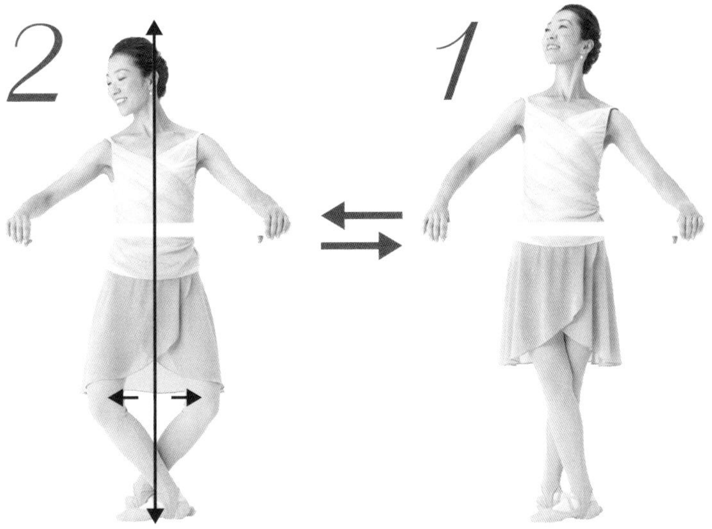

Grand plié

グラン・プリエ

grand plié：大きく折りたたむ

ドゥミ・プリエよりも、ひざを深く曲げます。ドゥミ・プリエ同様に、外側へ開きながらひざを曲げることで、骨盤の安定とアンディオールが訓練されます。

1番ポディション

バレエはテコの原理！
足裏でぐっと床を押したら、
上体は上へ引き上がります。

NG!

上体を引き上げる意識がないと、しゃがみ込んでいるようなポーズに。

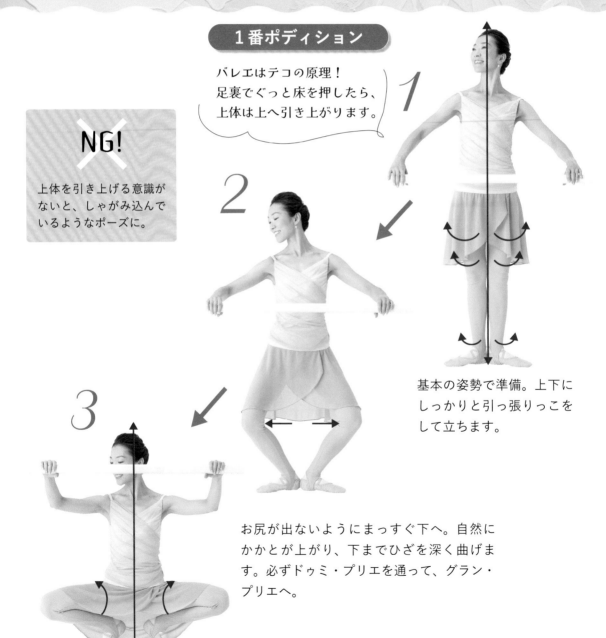

1

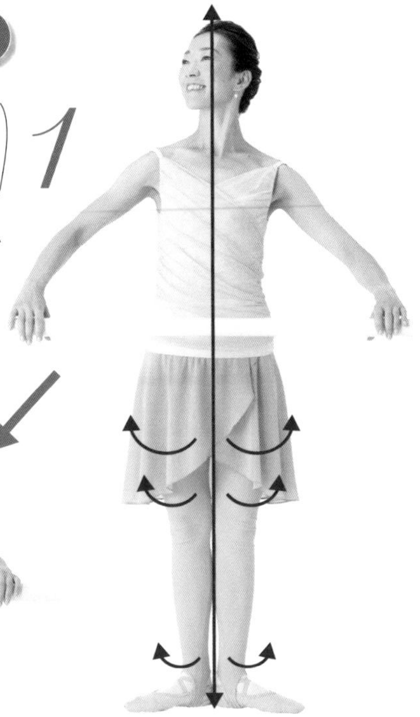

基本の姿勢で準備。上下にしっかりと引っ張りっこをして立ちます。

2

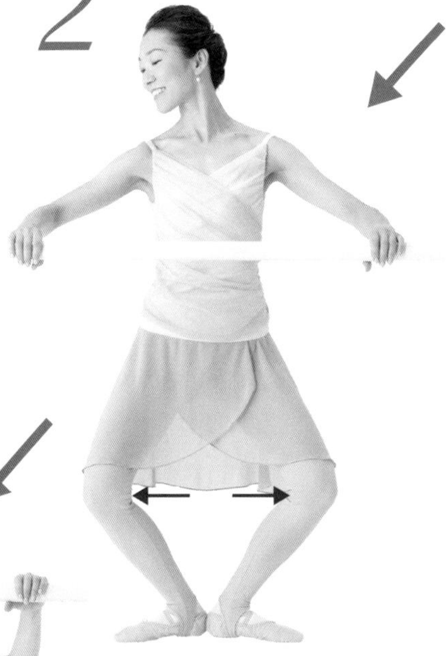

3

お尻が出ないようにまっすぐ下へ。自然にかかとが上がり、下までひざを深く曲げます。必ずドゥミ・プリエを通って、グラン・プリエへ。

2番ポディション

かかとをつけたままでグラン・プリエをします。お尻の高さにひざがくるように。

NG!

かかとは上げない！

4番ポディション（右足前）

体の軸と、前後の脚の開きに左右差が出ないようにグラン・プリエをしましょう。肩と骨盤のラインは常に平行です。

NG!

体の引き上げができていないと、お尻がドシンと後ろの脚にのりやすいので注意。

5番ポディション（右足前）

ひざとつま先は同じ方向を向くように。深く曲げたときに、かかととかかとが離れないようにするのがポイント。

coupé passé/retiré

クペ・パッセ／ルティレ

coupé：切られた　passé：通過する /retiré：引っ込む

クペは片脚を軸脚のくるぶしにつける動き。パッセはそこからさらにひざまで引き上げます。パッセは動作そのもの、ルティレはポディションのことですが、どちらの言葉も同じように使われます。

後ろクペ

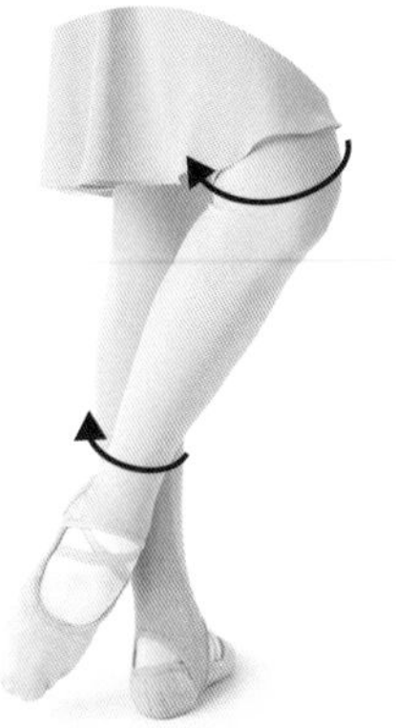

足首の後ろにかかとをつけます。かかとを前に出すように意識しましょう。

NG!

これがバナナ足

しっかりアンディオールができていないと、つま先ではなく、かかとが軸脚の足首についてしまいます。バナナ足（かま足）といわれる状態です。股関節と同じように、足首から下もアンディオールに!!

前クペ

動脚の小指を軸脚の内くるぶしにつけます。脚のつけ根から、しっかりアンディオールすることを意識して。

足裏と内もも、ヒップを鍛えよう！

Point

脚の力だけで、ひざまで上げようとしないこと。軸脚でしっかりと床を押して、片脚を上げるという、上下に引っ張り合う力を利用しましょう。

前パッセ

動脚を軸脚のひざまで引き上げます。引き上げた脚のひざが前を向かないように、しっかりアンディオールを意識。

ひざの位置まで脚を上げることを目指して！

後ろパッセ

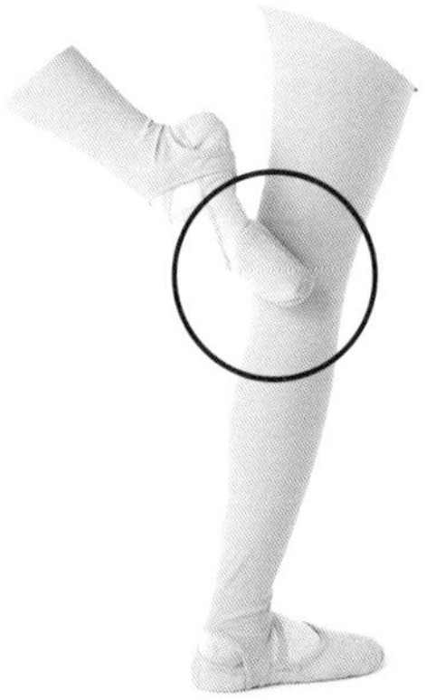

つま先がひざの後ろについています。ひざの後ろまで上げることを目指してチャレンジ！

NG!

軸がしっかりしていないので、腰が引けてしまっています。

tendu
タンデュ

tendu：張る

ひざを伸ばして、前、横、後ろの方向へ脚を出す動きです。美しいタンデュは、足の裏で床をすりながら出すことと、アンディオールがポイントです。

前のタンデュ

1 アンディオールを意識して、1番ポディションで準備します。

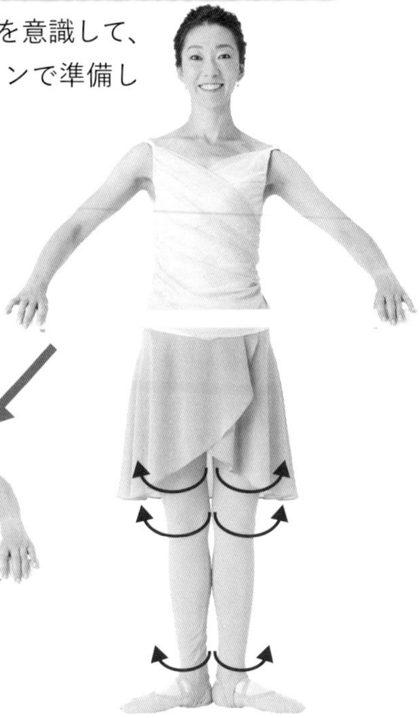

必ずドゥミ・ポアント※を通って！

2 足裏でスーッと床をすりながら、つま先をおへその延長線上へ出します。かかとから出していくように意識すると、しっかりアンディオールできます。

※足指の裏を床につけたまま、かかとを高く上げた状態。

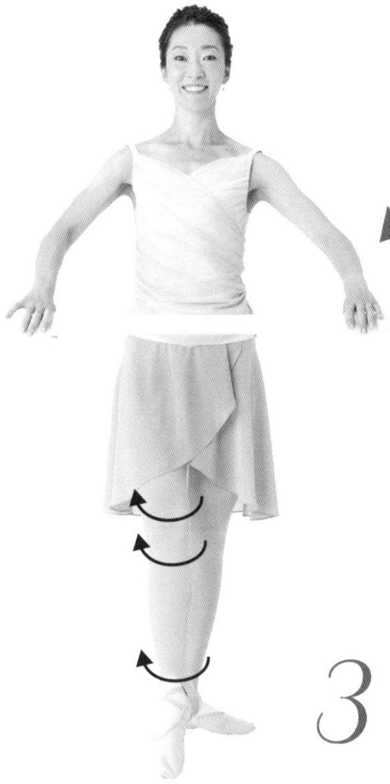

3 出始めと戻したとき、ひざが緩みやすいので、引き上げで腰を高い位置に保って。戻すときも床をすりながら、つま先から脚を戻すようなイメージで。

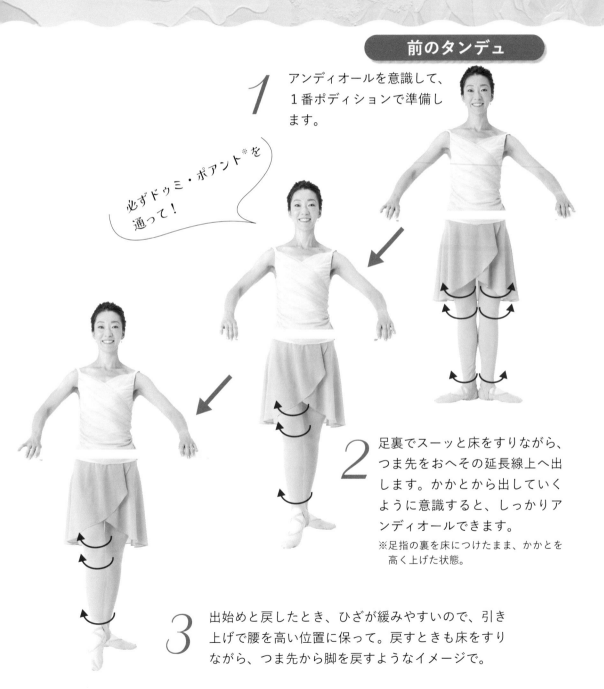

横のタンデュ

つま先から真横に出します。ただ脚を出すのではなく、ドゥミ・ポアントを通ってすり出しましょう。

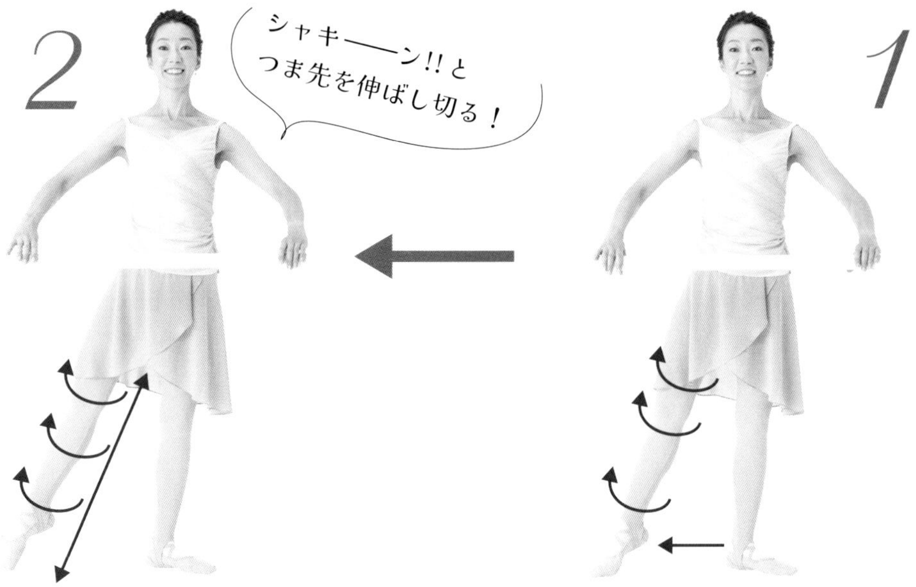
2
シャキ――ン!!と
つま先を伸ばし切る！
1

後ろのタンデュ

真後ろにつま先がくるように脚を出します。出す脚につられて、腰が後ろに引けないように注意。前から見ると、後ろ脚が見えない位置になります。

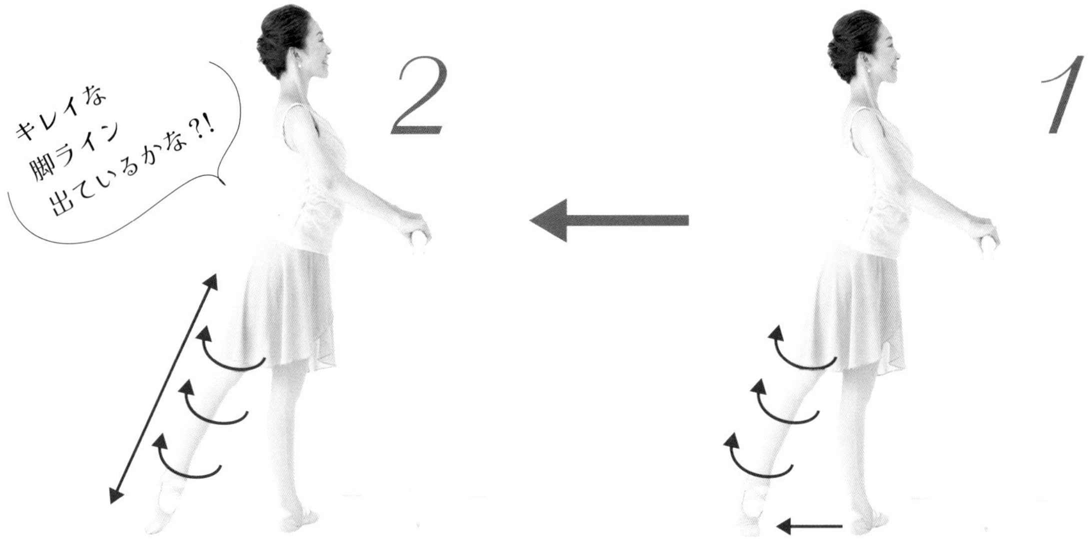
キレイな
脚ライン
出ているかな?!
2
1

NG!

かかとが落ちていたり、つま先がつぶれてしまうのはNG！　しっかり脚を伸ばし切って！

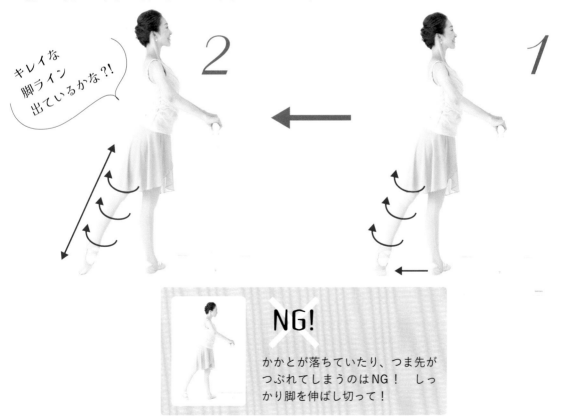

relevé sus-sous

ルルヴェ・シュス

relevé：持ち上げる　sus-sous：上に-下に

どちらも、かかとを持ち上げてドゥミ・ポアントになる動きです。ルルヴェが高いと脚も美しく鍛えられ、一気にバレエっぽく見えるので、挑戦してみましょう！

身長が伸びる、伸びる～！

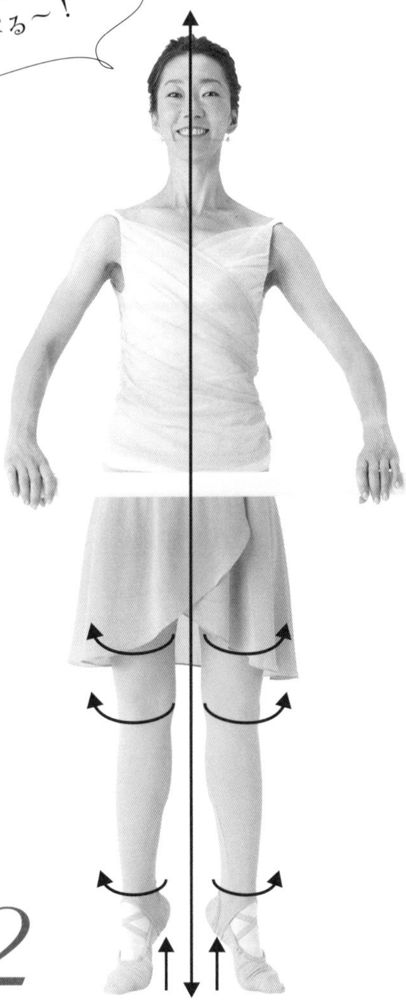

ルルヴェ

1　1番ポディションで準備。

2　かかとを持ち上げてつま先立ちになります。脚だけで立つのではなく、腰から持ち上げるイメージで。全身を上下に引っ張り合ってバランスをとります。

NG!

小指にのってしまうと、足が外側へ倒れてしまうので注意！

ス――――――ッと
立つことを意識します！

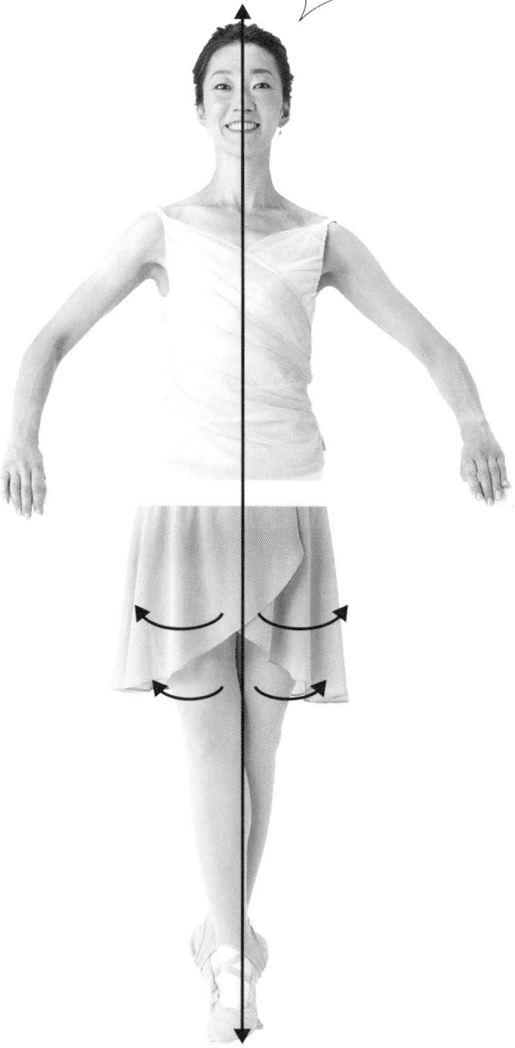

シュス

パズルのピースが合うように、左右の脚をかちっとつけて立ちます。

1 5番ポディションで準備。

2 ドゥミ・ポアントに立って、動脚を軸脚の方へ引き寄せます。正面から見ると、1本の脚のように見えます。

Point

内ももをしっかり引き寄せてクロスさせます。「風も通らない！」というくらいぴったりつけて脚を細く見せます。

NG!

5番ポディションの美しさは、後ろのかかとが前から見えるところ。それが見えずに脚に隙間があいてしまっています。しっかり内ももをしめて！

rond de jambe à terre

ロン・ド・ジャンブ・ア・テール

rond de jambe à terre：丸い・脚・地面に

脚を伸ばし、つま先で半円を描く動きです。前から後ろに動かす外回し（アンディオール）と、後ろから前に動かす内回し（アン・デ・ダン）があります。脚を大きく動かしますが、股関節の柔軟性とお尻の筋力が強化されると、グラグラせずにしっかり体が保てるようになります。

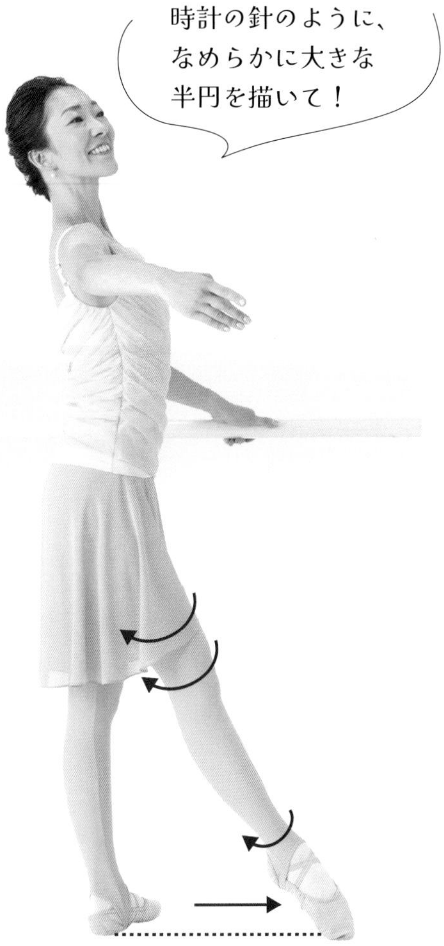
時計の針のように、
なめらかに大きな
半円を描いて！

1　1番ポディションから、前へタンデュ。動く脚に体が引っ張られないように、軸脚をしっかり保ちましょう。顔もつけて、脚だけでなくボディ全体でアンディオールを意識しましょう。

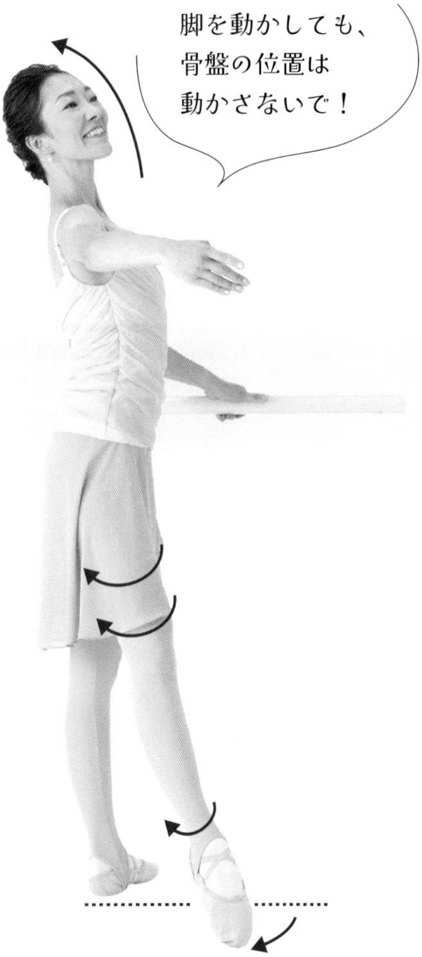
脚を動かしても、
骨盤の位置は
動かさないで！

2　アンディオールのまま横のタンデュへ。なるべく遠くへ脚を伸ばして。
（顔は首をしっかり伸ばしてななめ上へ）

3 横のタンデュから、後ろのタンデュの位置へ。大きな円を描くように意識して。
(顔は「なあに？」と聞くように、バー側の耳を前に出すようにして、目線は手のひらをのぞき込む)

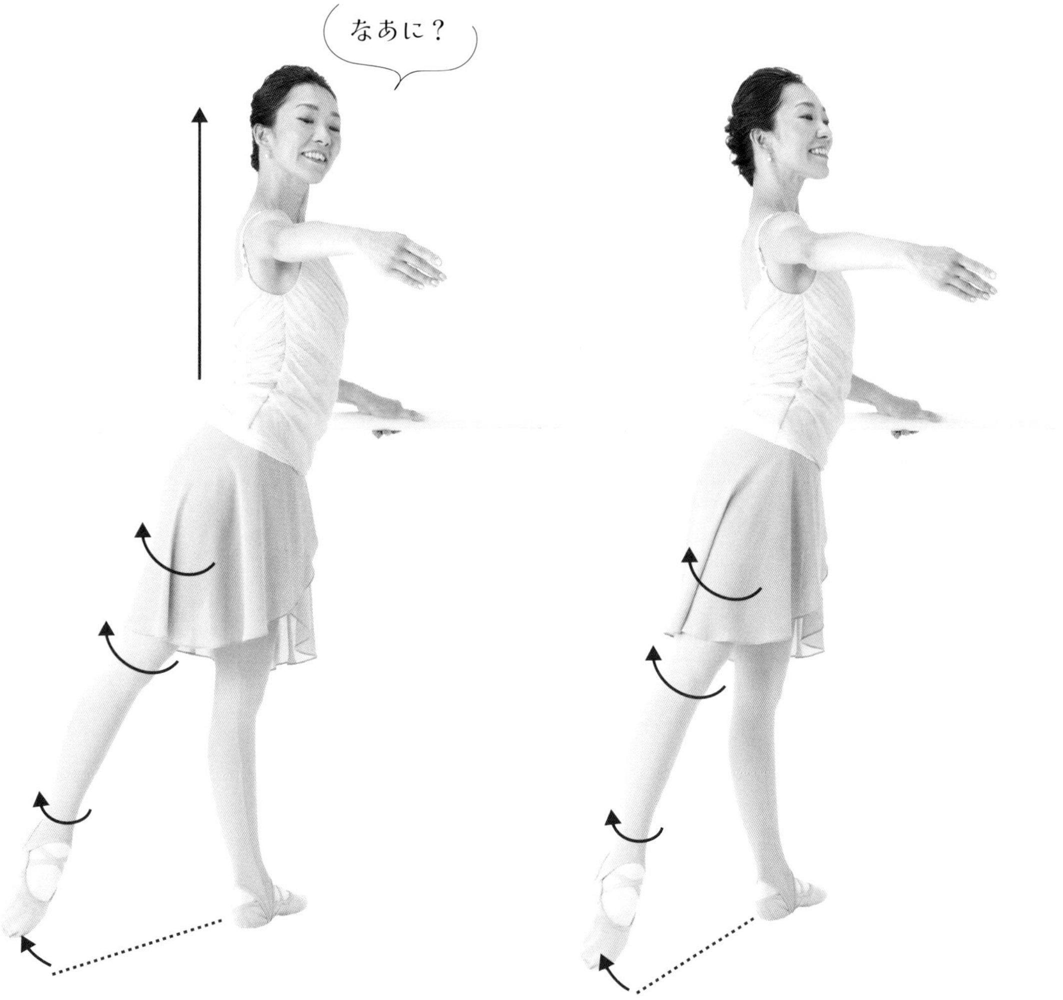

4 1番ポディションに戻る。

frappé

フラッペ

frappé：たたく、打つ

つま先で床を打つようにして蹴り出す動きです。ひと思いに脚を出し、脚力を鍛えましょう！

前のフラッペ

ひざの位置が動いてしまわないように注意。ひざから先をスッ！と強く出しましょう。

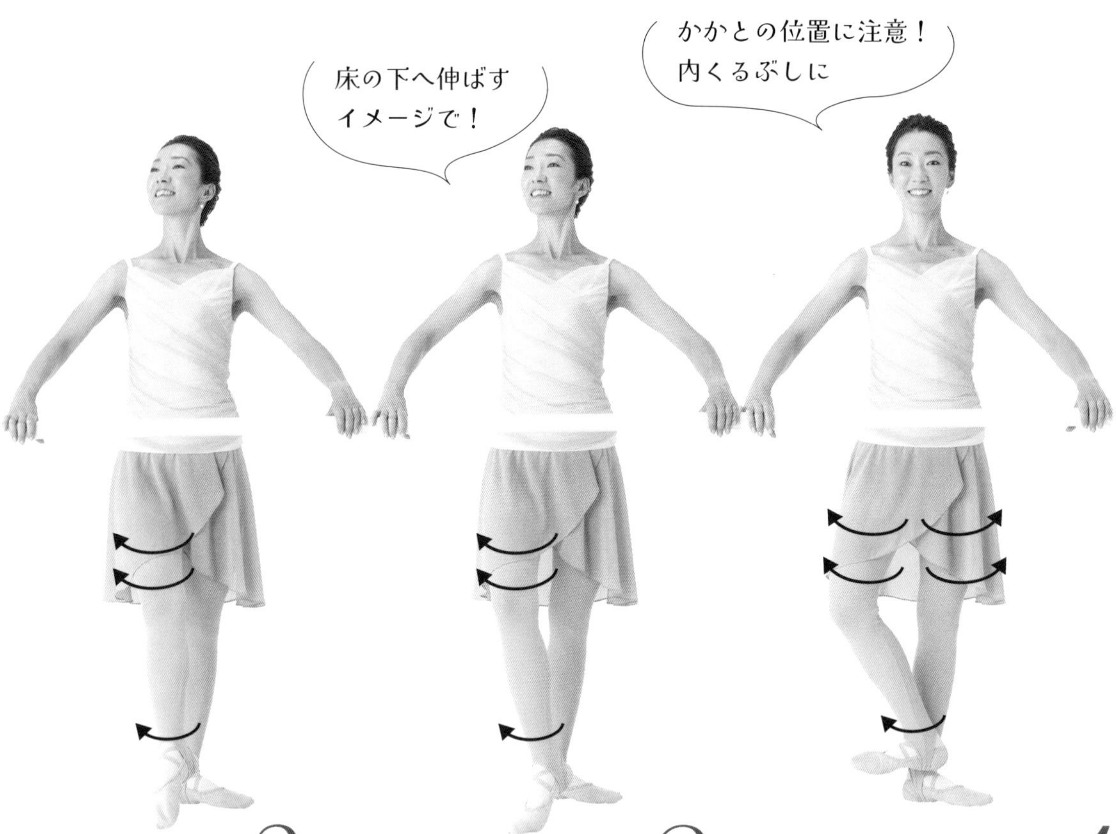
床の下へ伸ばす
イメージで！
かかとの位置に注意！
内くるぶしに

1

フレックスしたかかとを軸脚の内くるぶしにつけます。

2

しっかりアンディオールした脚を蹴り出します。つま先で床をたたきながら！

3

脚はタンデュより遠くへ出す気持ちで。自然とつま先は床から離れます。

横のフラッペ

蹴り出すことで、骨盤がグラグラしないように注意！　軸脚をしっかりと。

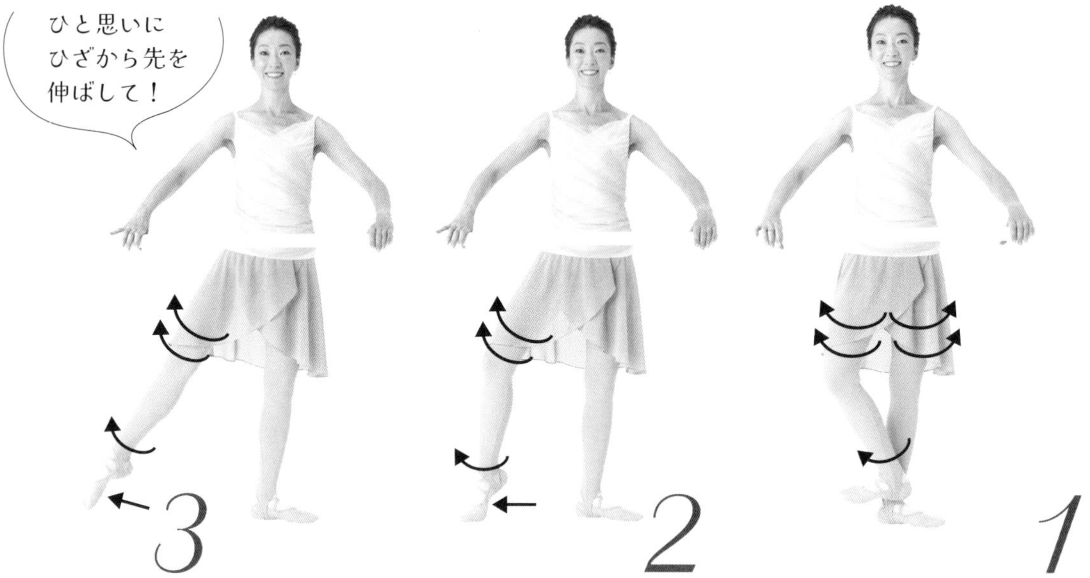

3
横のタンデュより遠くへ出す気持ちで。自然とつま先は床から離れます。

2
足の指で床をたたきながら、横に蹴り出します。

1
フレックスしたかかとを軸脚の内くるぶしにつけます。

後ろのフラッペ

つま先が背中の真後ろにくるように出しましょう。

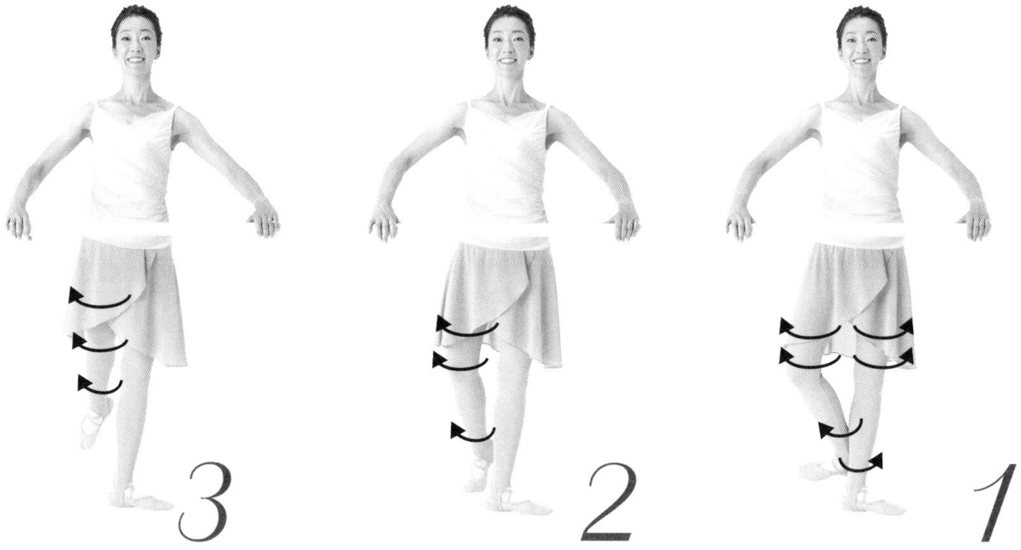

3
後ろのタンデュより遠くへ出す気持ちで。自然とつま先は床から離れます。

2
足の指で床をたたきながら、後ろに蹴り出します。

1
フレックスしたかかとを軸脚の外くるぶしにつけます。

fondu
フォンデュ

fondu：溶ける

フォンデュとはチーズフォンデュのフォンデュ。まるでチーズが溶けるように、とろりとなめらかに動く質感が大切です。動き出しのタイミングが左右で別々ですが、最後はそろうという全身の動きに挑戦です！

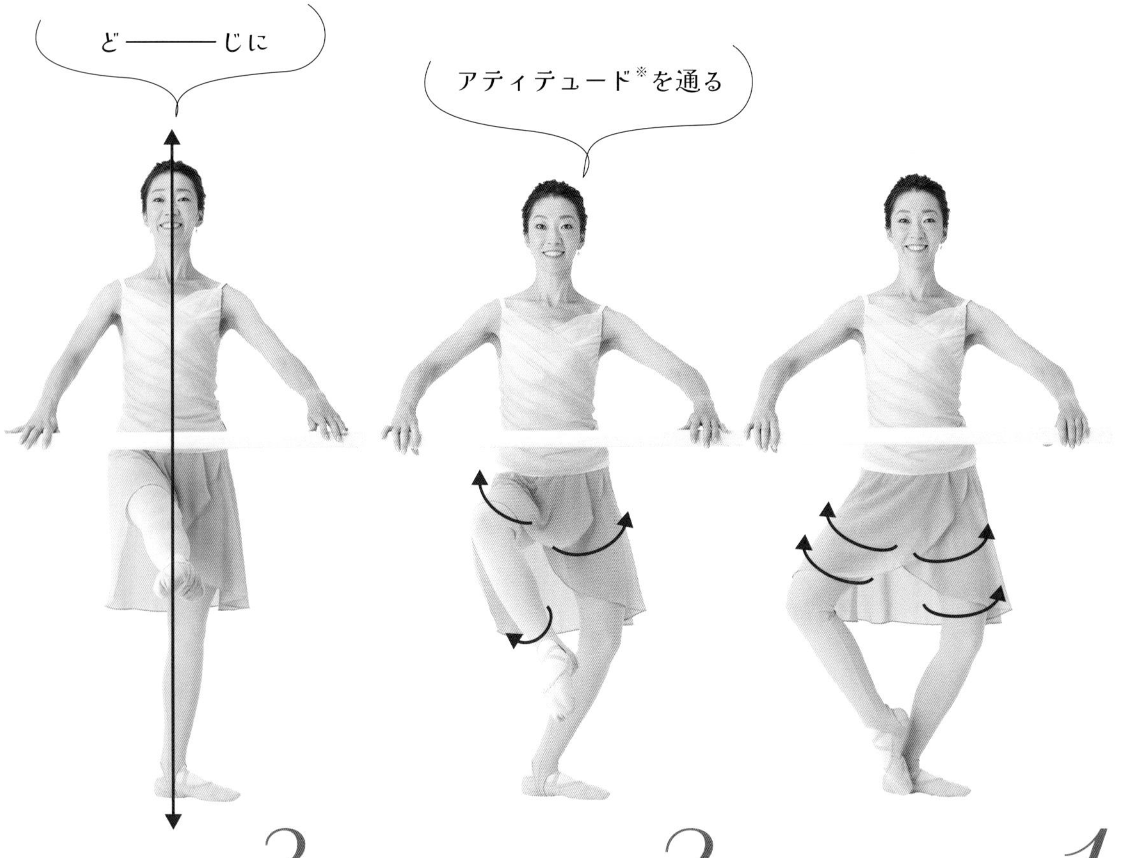

3

同じタイミングで、両脚をなめらかに伸ばし切ります。

2

軸脚はプリエを保ちながら、動脚は形はそのままに、つけ根から前へ出します。

※片脚で立ち、もう片方の脚を上げてひざを曲げるポーズ。

1

軸脚はドゥミ・プリエをしながら、動脚のつま先はクペからスタート。

横のフォンデュ

脚を横に上げるのはちょっと大変ですが、脚だけで上げようとしないで。軸脚をしっかりと床に突き刺して、引っ張り合う力で脚を上げます。

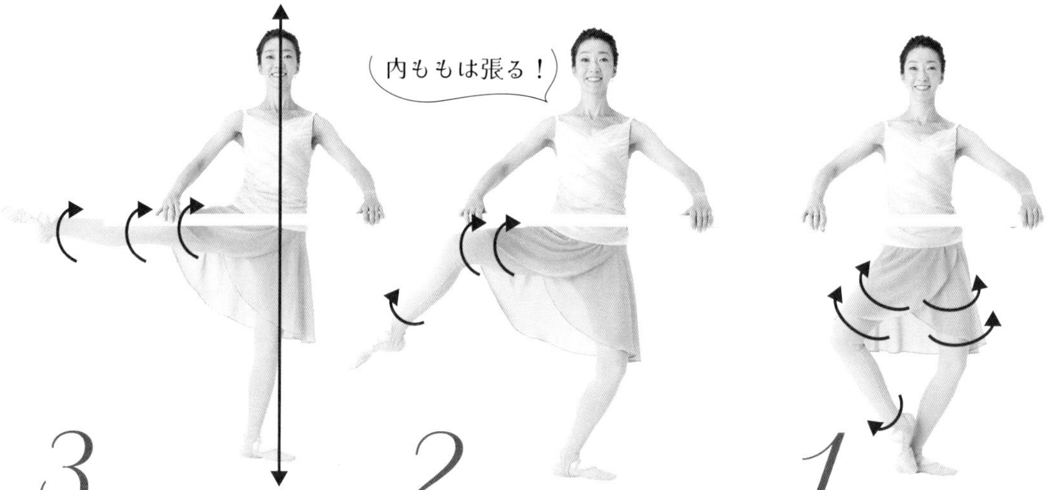

3

同時に伸ばします。90度を目指しましょう！

2

軸脚はプリエを保ちながら、動脚を横に上げていきます。かかとが後ろを向かないように注意！

1

軸脚はドゥミ・プリエをしながら、動脚のつま先はクペからスタート。

後ろのフォンデュ

後ろは見えづらいので、脚を出す位置がずれがち。脚を背中の真後ろに伸ばすようにすると、お尻も鍛えられ、ヒップアップです!! がんばりましょう！

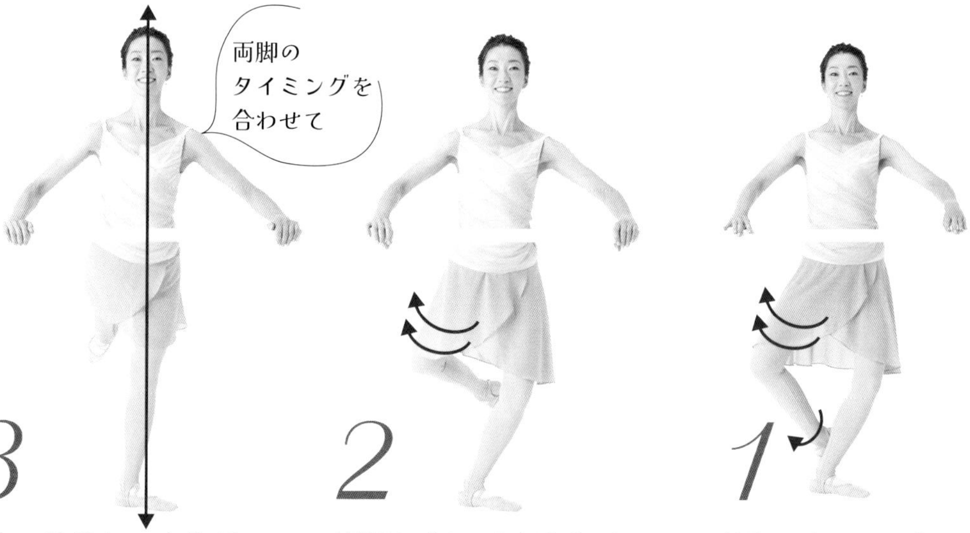

3

背中の後ろにつま先がくるように同時に伸ばします。

2

軸脚はプリエを保ちながら、動脚を後ろに上げていきます。

1

軸脚はドゥミ・プリエをしながら、動脚のつま先は後ろのクペ。

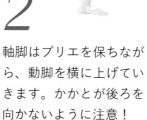

sauté changement

ソテ・シャンジュマン

sauté：跳ぶ　changement：変える

バレエのジャンプにはたくさんの種類がありますが、ここでは基本的な跳び方を紹介します。腰をしっかり上げて、できるだけ高く跳びましょう。体幹を鍛えるのにもとてもよい動きです。

床を蹴って！

1番のジャンプ

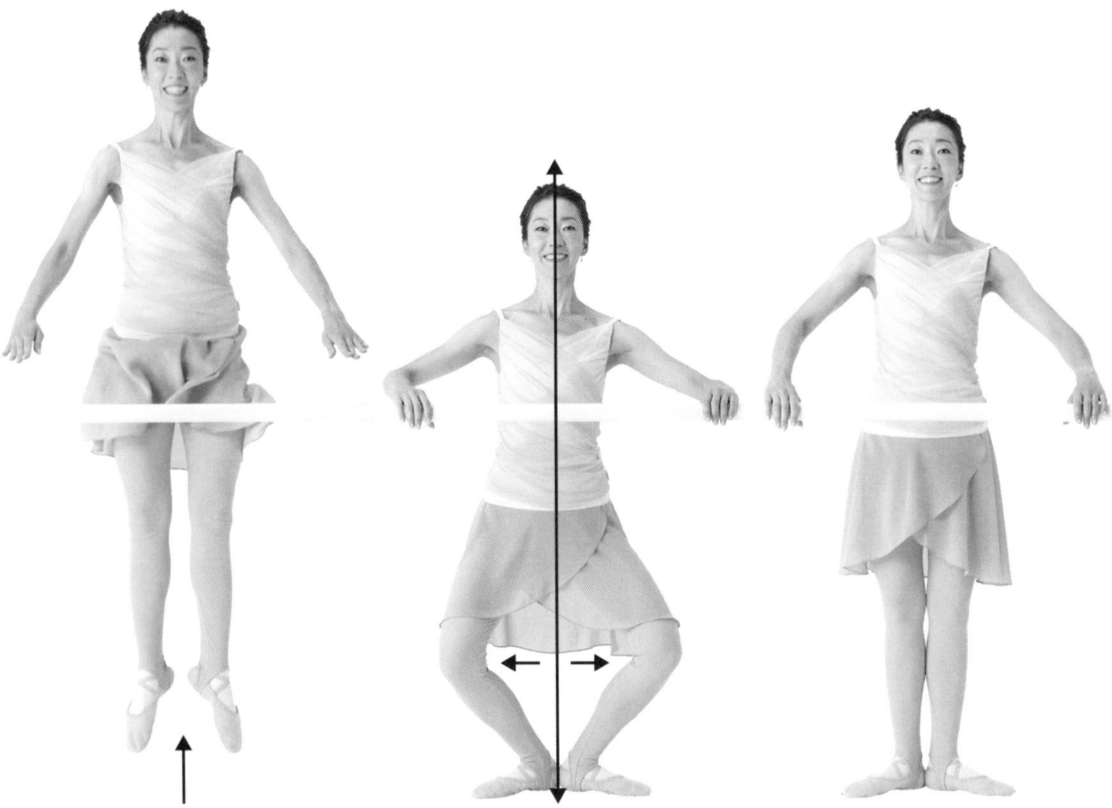

1

1番ポディションで準備。

2

ドゥミ・プリエでしっかり床を押して。

3

軽やかにジャンプ！　つま先をしっかり伸ばして。ひざをやわらかく使って、ドゥミ・プリエへ降ります。

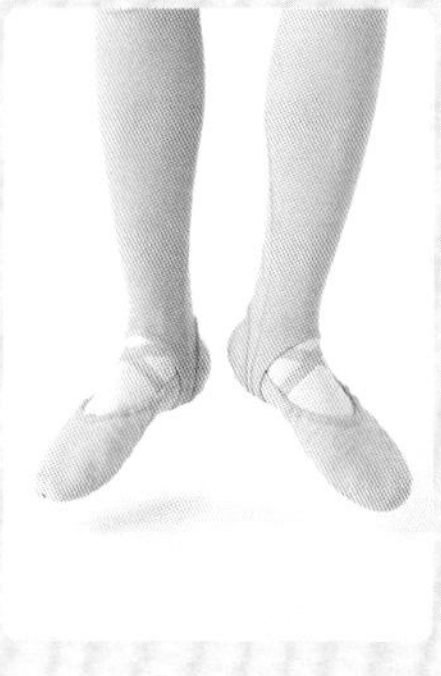

NG!

跳ぶ瞬間に床をしっかり蹴れていないと、つま先が伸びません。空中でもつま先がキレイに伸びることを目指して！

MEMO

「脚は下に伸ばして！」というと、そんなの簡単！と思うかもしれません。でもつま先が伸び切っていない人が意外と多いのです。脚力をつけるには、バレリーナストレッチ（P65〜）をご覧ください！

シャンジュマン（脚を替える）

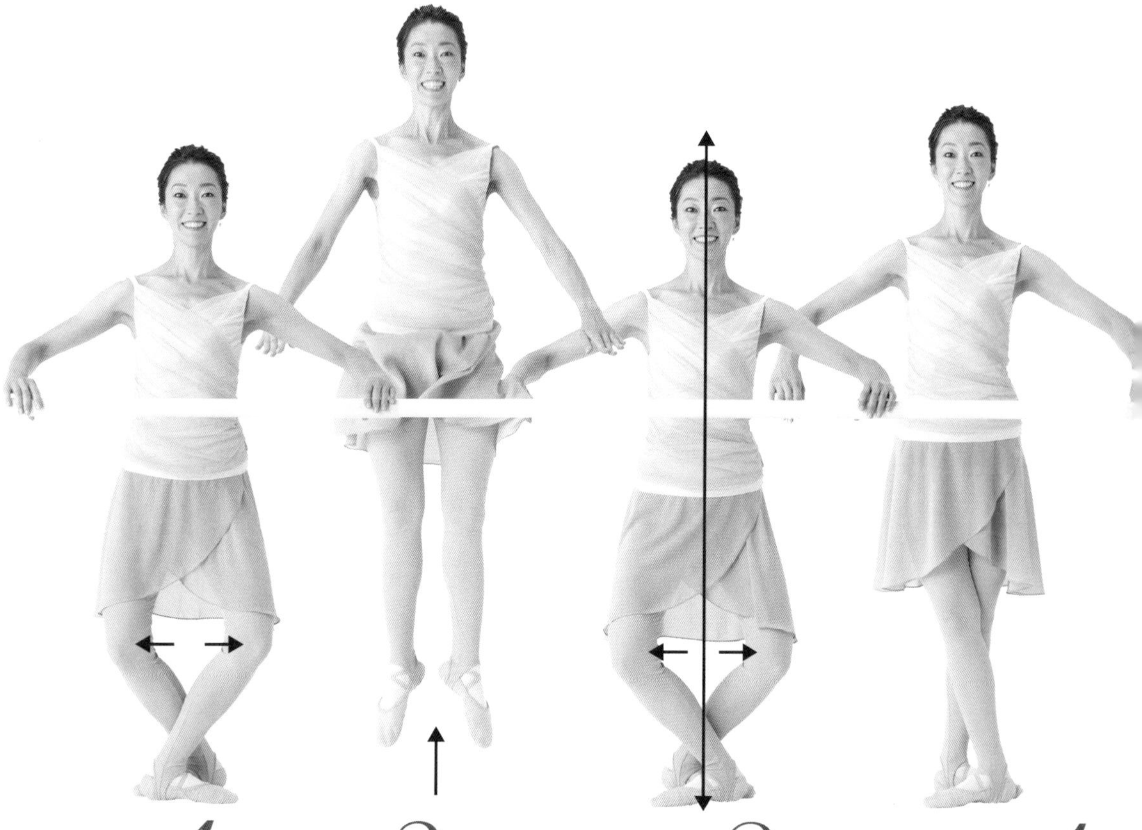

1

右脚前の５番ポディションで準備。

2

ドゥミ・プリエでしっかり床を押して。

3

4

ジャンプ！　左脚前の５番ポディションで着地します。ジャンプして一番高い位置では１番ポディションに、着地時には反対の脚が前になります。

Column

2

日常で取り入れたいバレエ

バレエが他のエクササイズと違うのは、美しさや優雅さを目指すという明確なゴールがあるところ。アンディオールすることで、体だけではなく、心も外向きになり、明るい気持ちになってきます。その雰囲気は普段の所作にもにじみ出て、何より自分を救ってくれるおまじないになります！

デコルテを開いて、姿勢が美しく、指先まで優雅に！

chapter 3

センターレッスンは「美の秘訣」がいっぱい！

Center lesson

センターレッスンについて

さあ、次はバーから離れてフロアへ。バレエの魅力がたくさん詰まったセンターレッスンです。空間を使って、踊りを立体的に描く練習です。

1 目的

バーレッスンで学んだ基本の動きや軸の意識を、センターレッスンでより踊りとして実践していきます。本書では前後・左右以外の空間の意識を掴《つか》むことを大切に紹介しています。より細く、美しい体の見せ方は、センター特有の方向性から学べますので、トライ！ です。

2 効果

バーがない分、自分の体だけが頼り！　床を押して体を引き上げる軸の意識で、全身が引き締まり凛《りん》としたオーラが出てきます。またダイナミックな腕や脚の運びで体幹のしっかりした体をつくることができます。

3 美の効果

センターレッスンでは、よりバレエらしい優雅な動きができるようになります。レッスンでは長めのシフォンのスカートや、透《す》け感のあるレオタードなど、優雅なウエアを取り入れてみて。気持ちがキラキラと上がりますよ！

体の方向について

フロアでは、正面ばかりを向いて踊るわけではありません。舞台に向かう体の方向によって、名前がついています。バーレッスンで育ててきた体の軸や上下・左右の引っ張り合いを意識して立つと、美しく見えます。

バーレッスンを思い出して！
全身でクロワゼをつくる！

クロワゼ *croisé*

十字型、交差したという意味で、前から見ると脚がXに交差して見える形です。右脚前の5番ポディションなら左なめ前、左脚前なら右ななめ前に体を向けます。顔は前脚が向いている方へ向けます（右の写真）。

バレエの8つの方向

舞台から客席に向かって正しいポディションをとれるように、バレエでは、①から⑧の番号で方向を表します。図のように、正面が①で、時計回りに②～⑧になります。

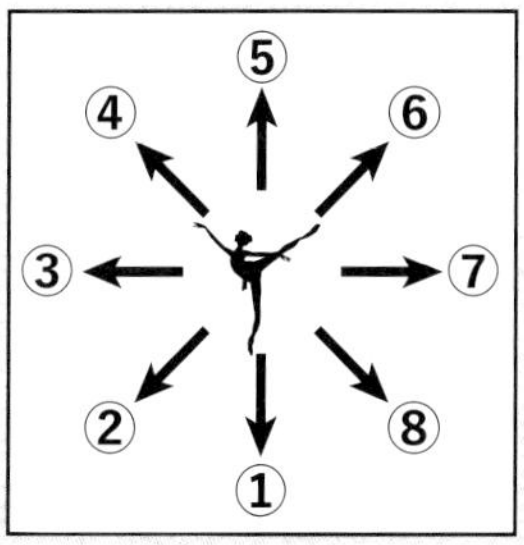
⑤
④
⑥
③
⑦
②
⑧
①

正面（客席）

その他の体の向き

◆アン・ファス *en face*

正面を向くポディション。

◆エファセ *effacé*

正面から見ると、脚がY字に見える形です。右脚前の5番ポディションなら右ななめ前、左脚前の5番ポディションなら左ななめ前に体を向けます。顔は後ろ脚が向いている方へ向けます。

port de bras

ポール・ド・ブラ

port de bras：腕の運び

初めてのバレエでは、腕の形がなかなか決まらないという人も多いのでは？　ここでは腕の動きを紹介します。ポール・ド・ブラでは、何気なく腕を動かすのではなく、基本の腕のポディションをきちんと通るのがポイント。空間を広く使うイメージでチャレンジしてみましょう。

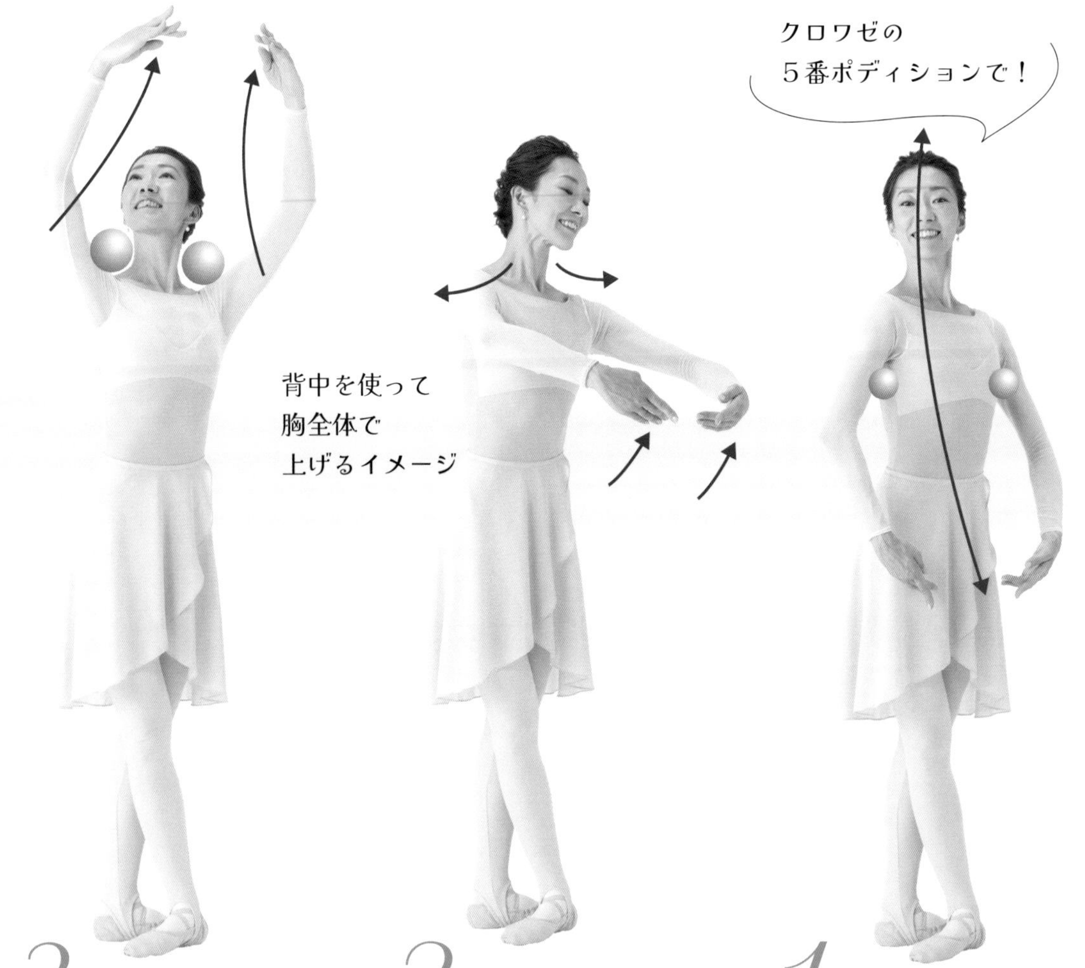
クロワゼの
5番ポディションで！
背中を使って
胸全体で
上げるイメージ

1 アン・バー

腕は力を入れすぎない。脇にボールをはさんでいるようなイメージを持ちながら、おでこと手のひらを離します。

2 アン・ナヴァン

アン・バーの形をそのままみぞおちの高さまで上げます。呼吸も忘れずに！

3 アン・オー

おへそが８番の方向に対して、前の腕はひじを２番の方へ張るようにしてボディを絞ります。肩が上がらないように注意。

Point

手だけの軽い動きにならないように、胸や背中との連携もしっかり意識して動きましょう。白鳥の羽ばたきを表現するように、やわらかく上体を使う練習にもなります。

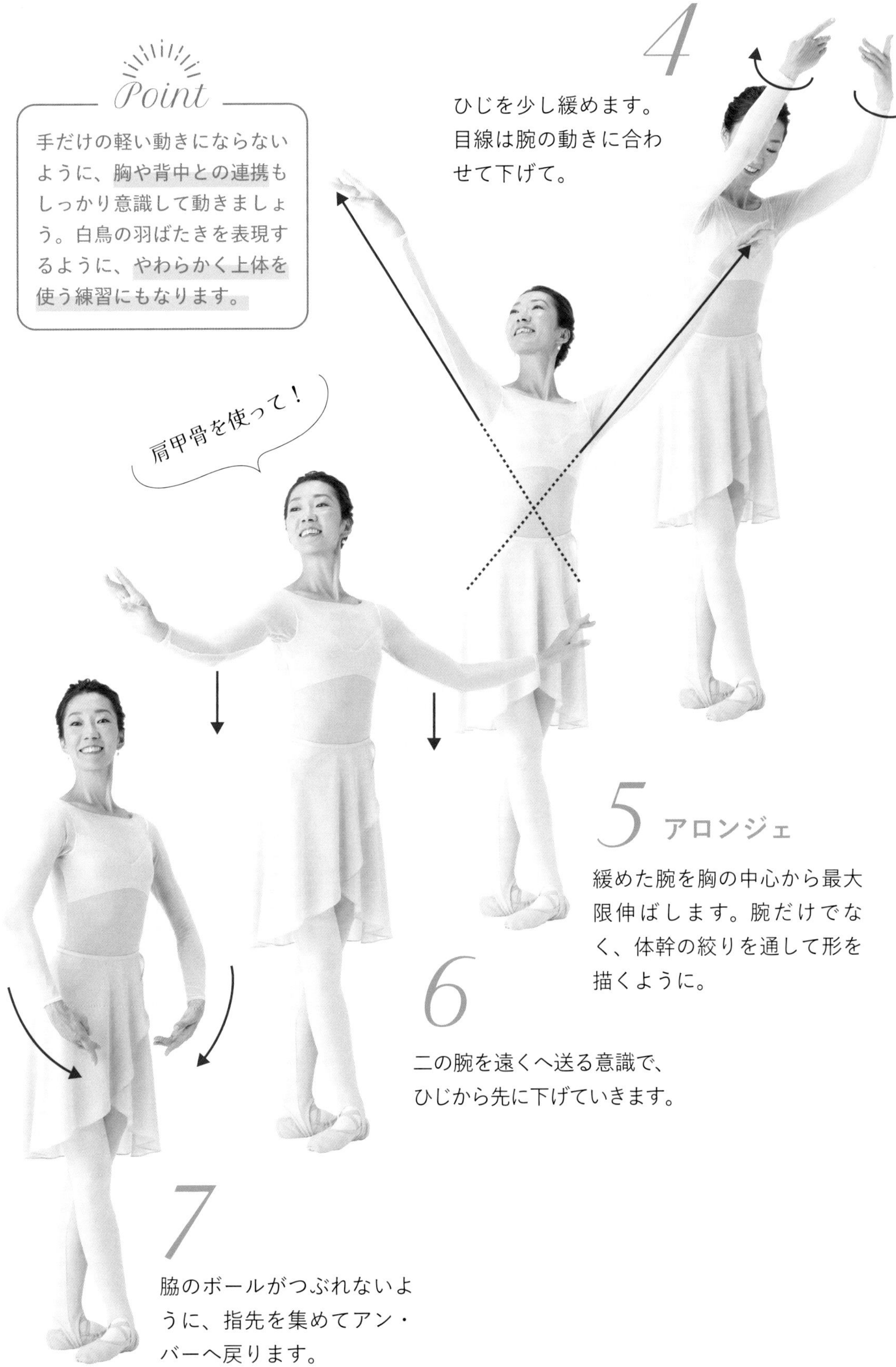

4

ひじを少し緩めます。目線は腕の動きに合わせて下げて。

5 アロンジェ

緩めた腕を胸の中心から最大限伸ばします。腕だけでなく、体幹の絞りを通して形を描くように。

6

二の腕を遠くへ送る意識で、ひじから先に下げていきます。

7

脇のボールがつぶれないように、指先を集めてアン・バーへ戻ります。

体の向きを意識して タンデュしてみよう

体の向きをつけながら、タンデュ（P38）する練習です。バーという支えがないと、軸脚がグラグラしてしまいそうになりますね。バーがない分、軸脚で床をしっかり踏んで、体を引き上げましょう。アンディオールを意識することでお尻にもうまく力が入ります！

クロワゼ・ドゥヴァン

croisé devant

左ななめ前に体を向けて、右脚は前タンデュ。顔は開いた右手の方向へ向けます。

NG!

胸が落ちてしまっています。しっかり上体を引き上げましょう！

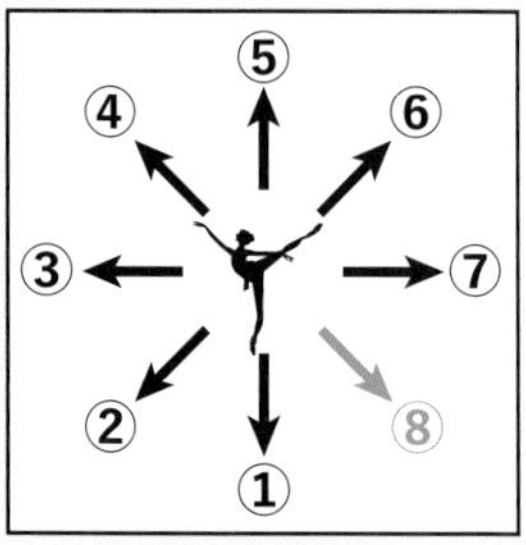

正面（客席）

MEMO

脚の位置の呼び方

体の前に脚が出ていれば「ドゥヴァン」、後ろに出ていると「デリエール」。

クロワゼ・デリエール

croisé derrière

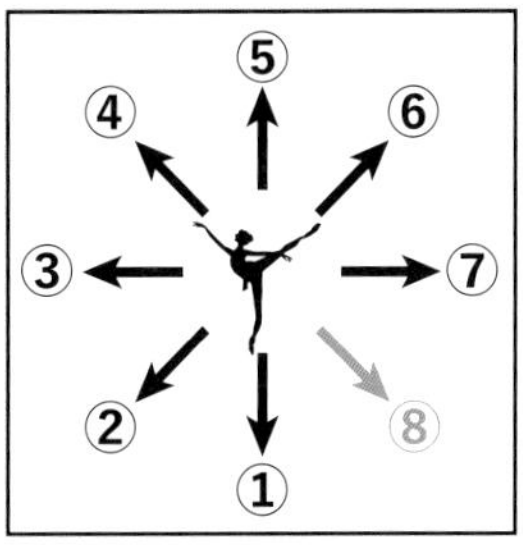

正面（客席）

左ななめ前に体を向けて、左脚は後ろタンデュ。顔は左手の先を見ます。見た目以上に、背中やお尻を使います!!

NG!

猫背気味になっています。背中からグッと胸を開きましょう。

エカルテ・ドゥヴァン

écarté devant

体は左ななめ前に向けて、右脚は横タンデュ。
顔は右手の指先を見ます。

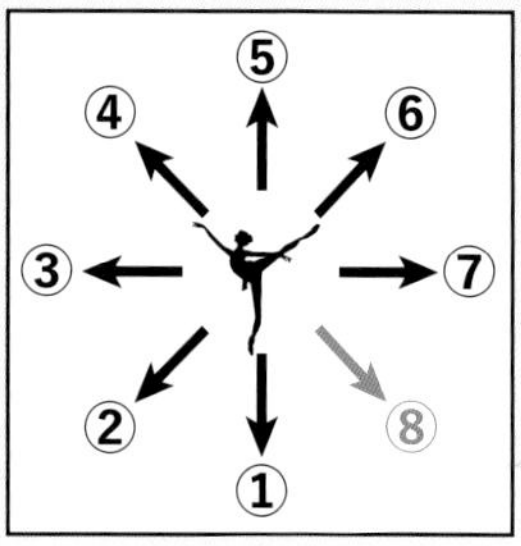

正面（客席）

エカルテ※・デリエール

écarté derrière

体は左ななめ前に向けて、左脚を横に。
顔は右手の指先を見ます。

※エカルテは「離れた」という意味。脚は第１または第２ポディションで、右ななめ前または左ななめ前を向いたポディションのこと。

NG!

ひじを張って背中を広げましょう。

エファセ・ドゥヴァン
effacé devant

体を左ななめ前へ向けて、左脚は前タンデュ。顔は上げた手に沿うように伸ばします。

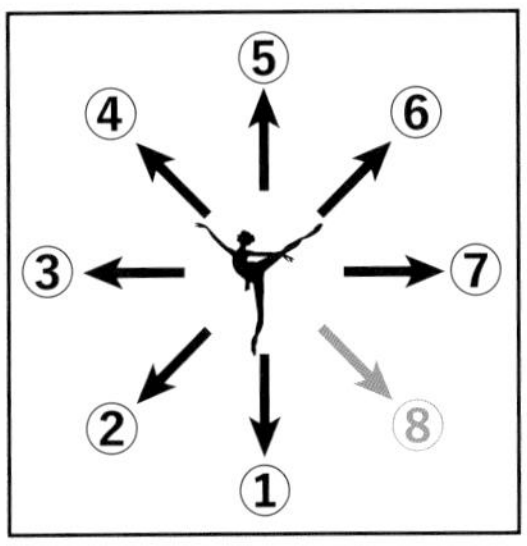

正面（客席）

エファセ・デリエール
effacé derrière

体を左ななめ前へ向けて、右脚を後ろに。顔は右手の指先を見ます。

NG!

体の軸がぶれてしまっています。

オーロラ姫になった気分で！センターを楽しもう

古典バレエの名作『眠れる森の美女』に出てくる動きです。
オーロラ姫になったつもりで、優雅に踊ってみましょう！

1

クロワゼで、右脚前の大きな４番ポディションからスタート。前脚にしっかり重心をのせて、後ろ脚は伸ばします。

2

手は八の字を描きます。手だけの動きにならないように、
上体も手と連動してしなるように動いてみましょう。

クロワゼのレッスンで
つくった感覚を
活かしましょう！

3

目線は先頭の手を追って、いっしょに首もしならせていきます。

révérence

レヴェランス

révérence：お辞儀

レッスンの終わりには、教えてくださった先生やピアニストの方、レッスンを共にした仲間へ感謝の気持ちを込めてお辞儀をします。いろいろな種類のレヴェランスがあります。

1

右脚前の５番ポディションから左脚を後ろへ。両腕はア・ラ・スゴンドより少し下（ドゥミ・スゴンド）へ。

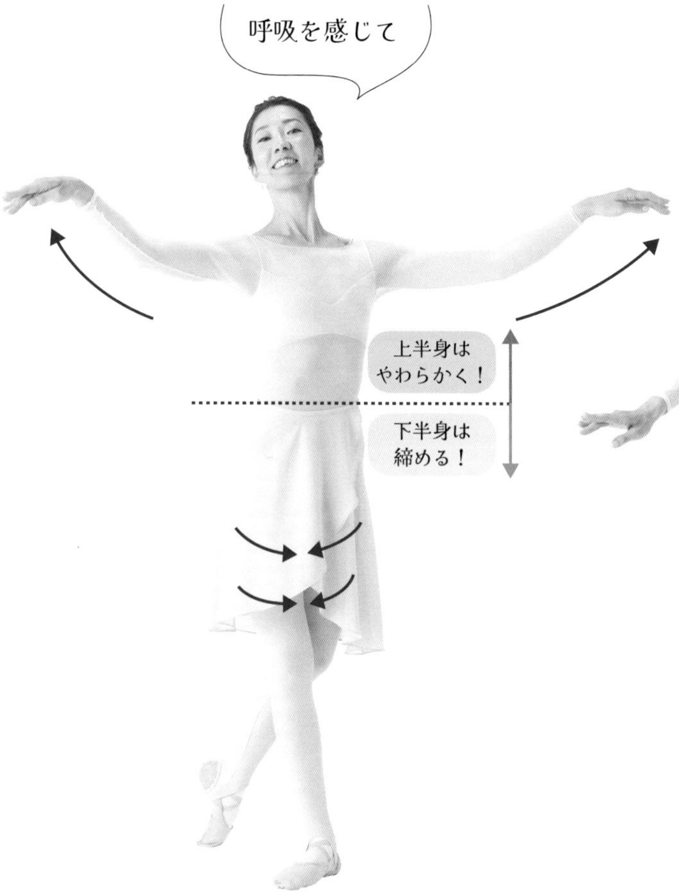

呼吸を感じて
上半身は
やわらかく！
下半身は
締める！

2

背中は伸ばしたまま、息を吸いながら一度腕をすっと優雅に上げ、お辞儀に入る合図となります。

3

右脚を曲げて、左脚を後ろへ引きます。背中は伸ばしたまま軽くお辞儀をします。

感謝の気持ちで♡
ありがとうございました!

4

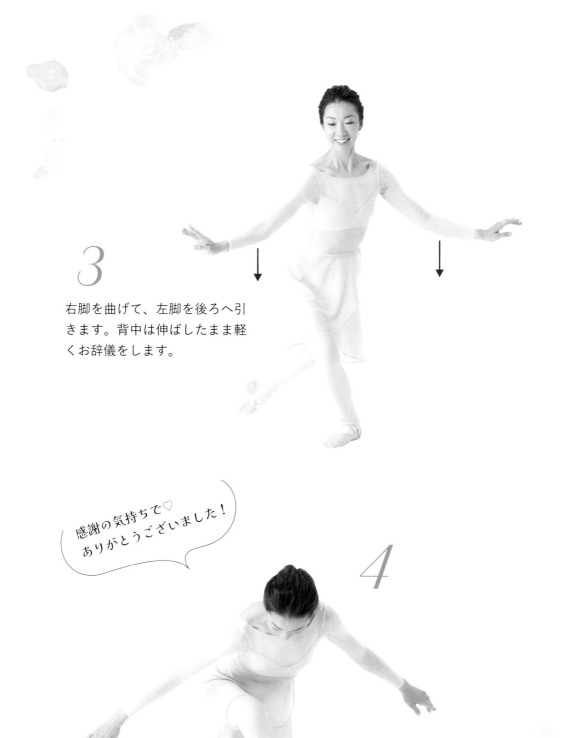

Column

3

大人だからこそ！ ときめくウエアを着ましょう

「体のラインが出るから、レオタードを着るのは恥ずかしい」。初めてのバレエでよく耳にする声です。そうですよね、よくわかりますよ。私も少し太ったな、と思う日はできれば着たくないです（笑）。でも少しずつ、体のラインが出るものを着てみましょうよ！　体のラインを見つけるところから、実はバレエのレッスンなのです。

バレエといえば、レオタードにピンクタイツ！　というイメージをもつ方も多いですが、現在は海外のおしゃれなウエアも購入しやすいですし、まずは巻きスカートを１枚巻くところからでもいいと思います。最近はタイツよりもレギンスが主流です。

私が生徒さんを見ていて感じるのは、着るもので表情や動きが美しく変わること！　女性って素敵です！　そしてチュールやニュアンスカラーをまとえるのも、バレエだからこそ。せっかく大人からバレエを始めたのですから、心がときめく時間を存分に楽しんでいただきたいと思います。

郵便はがき

料金受取人払郵便

京都中央局
承認

5819

差出有効期間
2025年3月15日
まで

（切手は不要です）

601-8790

205

京都市南区西九条
北ノ内町十一

PHP研究所
暮らしデザイン普及部
お客様アンケート係 行

1060

ご住所 □□□-□□□□ TEL：	
お名前	ご年齢 歳
メールアドレス	@

今後、PHPから各種ご案内やアンケートのお願いをお送りしてもよろしいでしょうか？ □ N
チェック無しの方はご了解頂いたと判断させて頂きます。あしからずご了承ください。

＜個人情報の取り扱いについて＞
ご記入頂いたアンケートは、商品の企画や各種ご案内に利用し、その目的以外の利用はいたしません。なお、
たご意見はパンフレット等に無記名にて掲載させて頂く場合もあります。この件のお問い合わせにつきまして
記までご連絡ください。（PHP 研究所　暮らしデザイン普及部　TEL.075-681-8554　FAX.050-3606

PHPアンケートカード

PHPの商品をお求めいただきありがとうございます。
あなたの感想をぜひお聞かせください。

お買い上げいただいた本の題名は何ですか。

どこで購入されましたか。

ご購入された理由を教えてください。（複数回答可）

テーマ·内容　2　題名　3　作者　4　おすすめされた　5　表紙のデザイン
その他（　　　　　　　　　　　　　　　　　　　　　　　　）

ご購入いただいていかがでしたか。

とてもよかった　2　よかった　3　ふつう　4　よくなかった　5　残念だった

ご感想などをご自由にお書きください。

なたが今、欲しいと思う本のテーマや題名を教えてください。

chapter 4

バレリーナストレッチ

Ballerina stretch

バレリーナストレッチの活用法

「バレエと女性を、もっとつなげたい！」。そう思って考案したバレリーナストレッチは、バレエの振り付けを行うように生み出しています。より解剖学の知見を活かしているので、まだバレエは自信がない……という方も、バレエを踊るための体づくりとして、ぜひ。「今日は疲れて体が重いな」「デスクワークで体がカチコチ！」というときこそ、体を動かしてみましょう。

1 目的

バレエに必要な「体の軸」「肩甲骨の柔軟性」「骨盤底筋の締まり」などが意識できるようになるストレッチです。すべての動きが「柔軟性」と「筋力」の向上へアプローチします。バレエのレッスンとあわせて、ぜひトライしてみましょう。

2 効果

女性の骨格と相性のよい曲線の動きが関節をやわらかくし、可動域が広がることで、体の年齢が若返ります。回数は多くなくても、正しくじっくり動かすことで、インナーマッスルが鍛えられ、ボディラインが自然と引き締まります。

3 美の効果

全身を動かすことで、血流や代謝がアップ。肌のつやがよくなり、女性ホルモンの活性化にもつながります。とくに骨盤が締まってくるので、多岐にわたる更年期症状を軽減してくれます。

「美の女神は先端に宿る」

指先まで美しく伸びたタンデュや、表現力のある手を育てるストレッチです。

バランスのいい体へ

歪まず、バランスよく動くのが、健康で美しい体です。そのバランスのよさは、まさに足指から始まるのです。体重をキレイに分散できるつま先の柔軟性や足裏の筋力を「グー！パー！」で育てましょう。バレエではつま先を美しく伸ばすことが求められますので、バランス感覚から向上していきますよ！

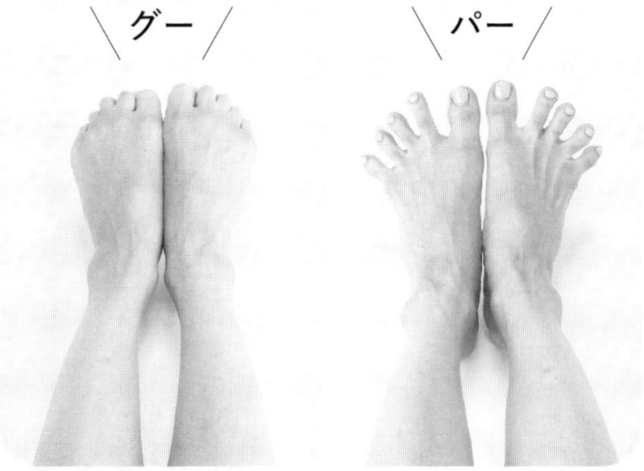

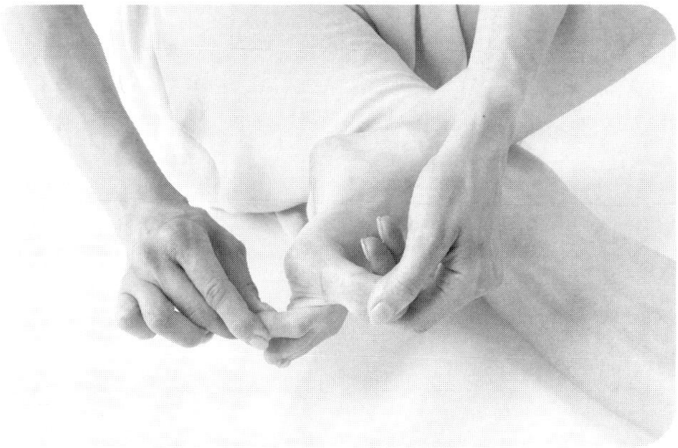

足の指をもむ

足の指が冷え切って、カチコチになっていませんか？　それではやわらかでしなやかな動きはできません。ぎゅっとかたまった足の指を、１本ずつ交互に前後させてほぐしていきます。

手首もやわらかに

スマートフォンやパソコン生活で意外と手首の柔軟性が失われています。美しいしぐさにもバレエにも、手先までのしなやかさは欠かせませんね。手のひらを向こうへ、写真のようにしっかり伸ばしましょう。

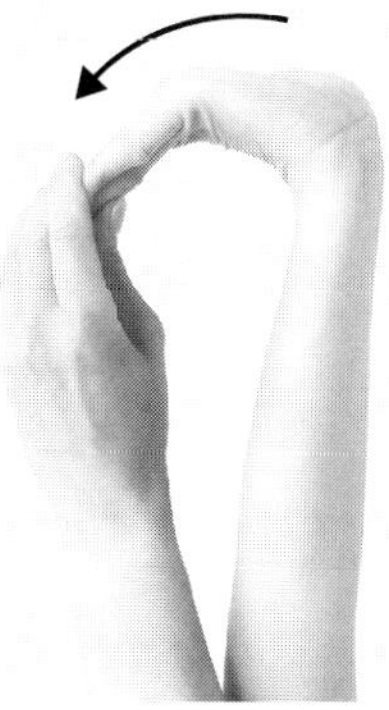

＼丁寧な細部のケアが、実はその人の美しさを引き立てます／

バレリーナの体幹をつくる

一般的な体幹よりも、骨盤底筋までを意識する体幹づくりが（膣《ちつ》トレに近い）、バレエで大切な引き上げや軸につながります。インナーマッスルである体幹づくりのために、首や腰回りの強《こわ》ばりから取りましょう。

1 首伸ばし

各2セット

バレリーナらしい、美しいデコルテと長い首をつくります。呼吸に合わせて、首の力みをとりましょう。肩を上げずに首を伸ばすのがポイントです。

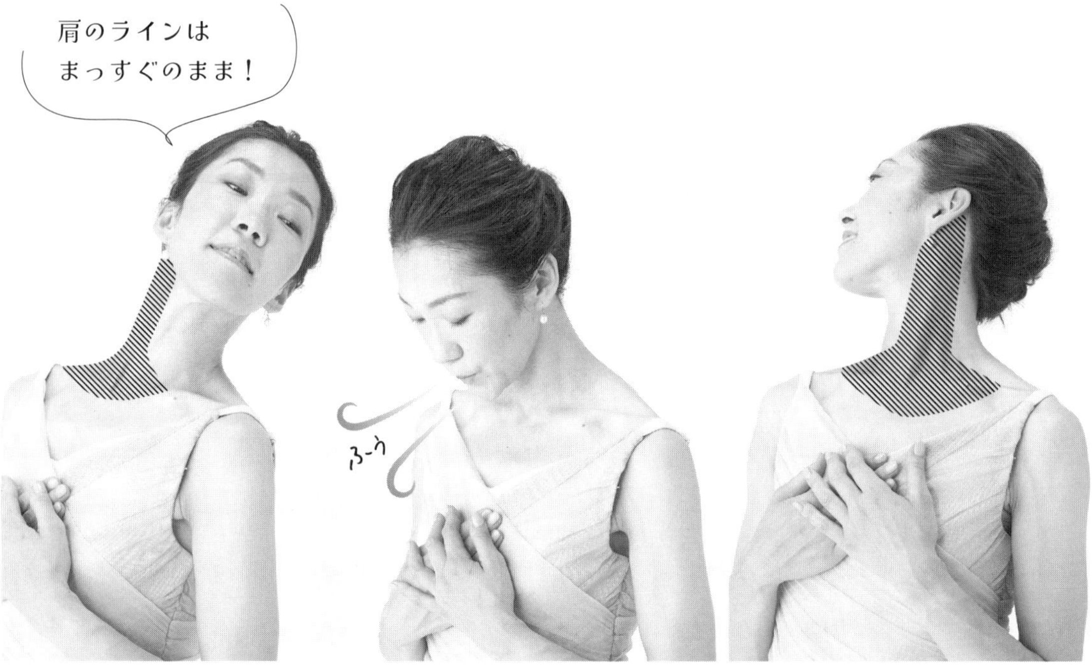

1

胸に手をおいて、姿勢を保ちながら、右を向き、頭をななめ後ろへ引っ張ります。

2

息を吐きながら一度、真ん中で首を休ませてあげましょう。

3

右を伸ばします。ゆったりとした呼吸とともに、各2セットずつ行いましょう。

2 首ストレッチ

各 3 セット

首と鎖骨、肩甲骨の引っ張り合いを感じてほしいストレッチです。

上半身は
引き上げて！

1

両手を上げて、右手は側頭部にのせます。

ゆっくりと
いち、にい、さん
ふーっ

2

吐く呼吸とともに、いけるところまで、ス〜ッと首を倒していきます。ゆっくり3つ数えてキープ。それを3セット。首は繊細な部分なので、無理をしないように気をつけて。逆側も同様に行います。

3 腹筋を意識するエクササイズ
Cカーブストレッチ

5回 × 2セット

お腹のインナーマッスルは、体の引き上げには必須です!! 回数を多くするよりも、ゆっくり正しい姿勢で行うことが大切です。

お腹をえぐる〜
引き上げに必要な
腹横筋に効いている！
吐く！
ふぅぅ

1 ひざを立てて座る

床に手をおいて、吐きながら骨盤の後ろでCのカーブを描くように伸ばします。

NG!

肩が力んで、腹筋が使えていません。また上体を反らしたとき、首を保てずにガクンと落ちてしまいがちに。しっかり軸や引き上げを保つことは、後ろのカンブレの動きに応用できます。

吸う！
すううう
カンブレ（P30）の
トレーニングにもなります！
胸も気持ちよく、開いて〜

2 息を吸いながら肩甲骨を寄せていく

肩甲骨を寄せていくと、それにともない肋骨と胸が開いてお腹が伸びます。腹筋にも効きますが、背中もしなやかになります。

4 伸ばして、ねじる!!
最強の体幹トレーニング

左右各5回
×
3セット

バレエで大切な全身を上下に引っ張り合う筋肉を鍛えましょう。上半身を水平にねじることがポイントです。

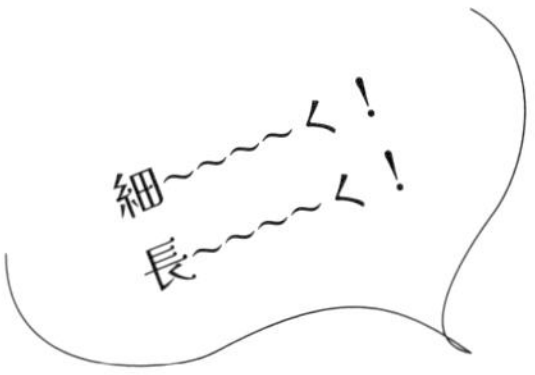

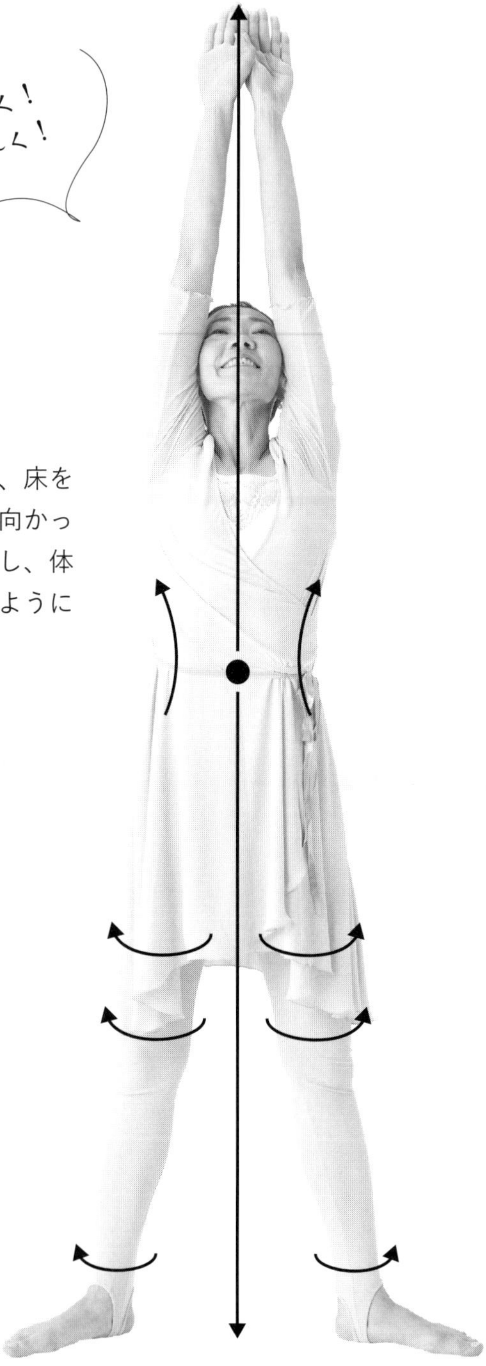

1 骨の1つ1つが離れていくように

脚は2番ポディションで、床をしっかり踏みます。上に向かって思いっきり両腕を伸ばし、体幹を細く細くスライムのようにビヨ〜ンと伸ばします。

NG!

肩の力だけでねじろうとするのはNG。軸をしっかり保って、腰からねじるようにしましょう。

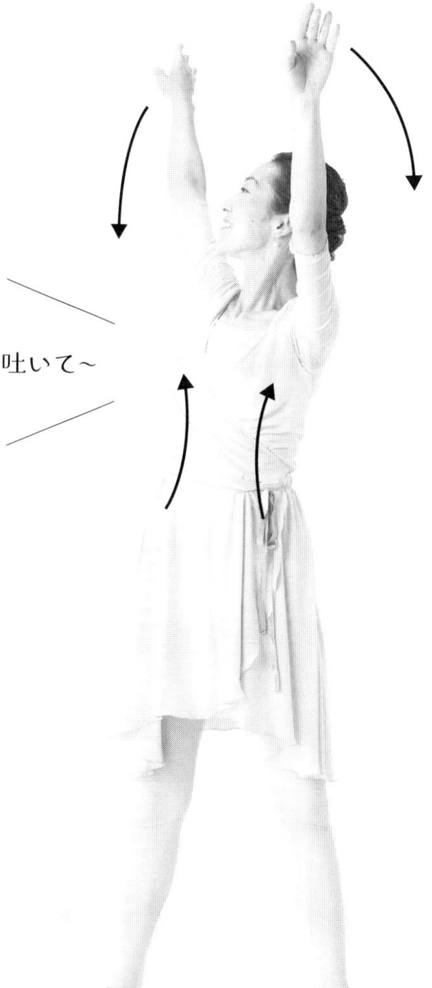

2 体をねじる

両手を水平に開きながら体をねじります。顔はねじった方の手先を追って、ねじれるところまでねじりましょう。

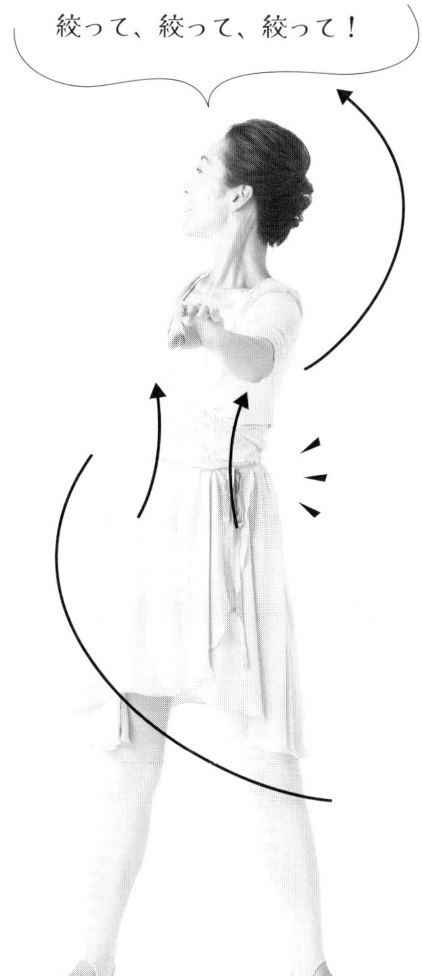

3 ねじったまま両腕を下ろす

1 に戻って、逆側も同様に行います。

5

体幹と美脚の2つの効果！
エアプリエ

5回
×
2セット

内もも強化で、骨盤底筋の引き締めと美脚を叶えます。

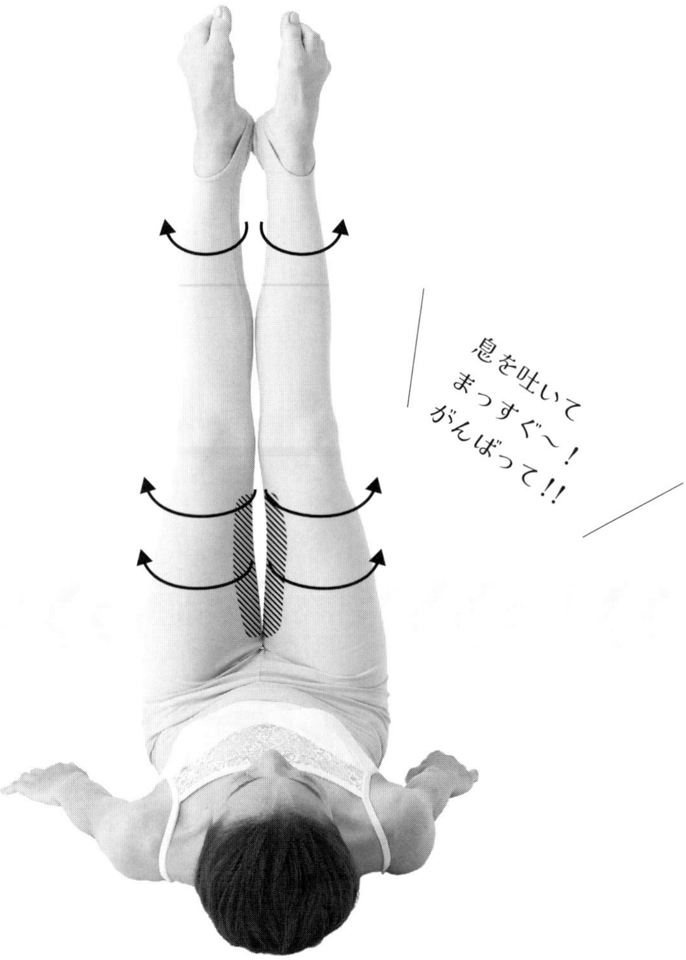

1 仰向けになって脚を上げる

手のひらを床につけ、両脚をそろえて天井方向に上げます。脚をアンディオールして、内ももを寄せ合うことを意識します。つま先までキレイなポイントです！

MEMO

プリエをするとき体勢がきつい人は、お尻の下にクッションを敷いて試してみましょう。壁に脚を沿わせて行ってもOKです。

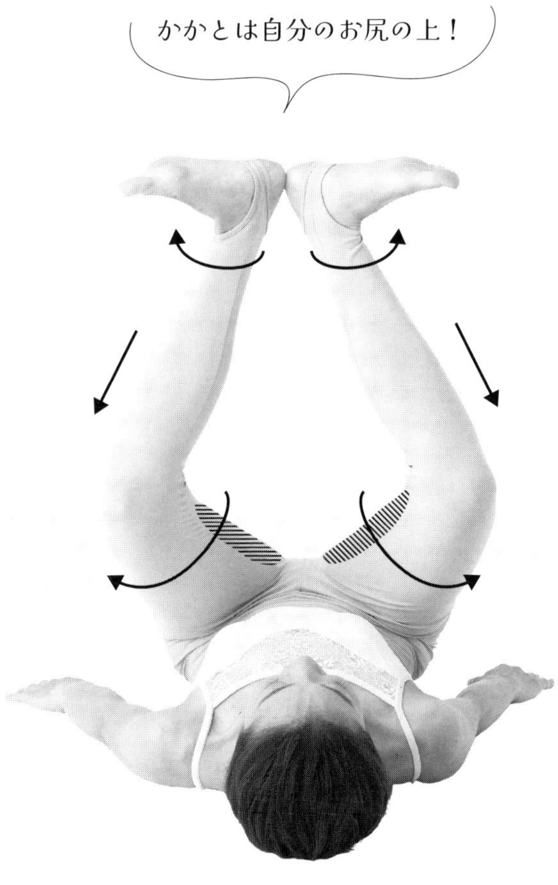

2 脚を上げて空中でプリエ

両足をフレックスにしながら両ひざを曲げます。太もものつけ根を外側に回すアンディオールを意識して。息を吐きながら*1*へ戻します。*1*、*2*を5セット繰り返します。

エレガントなポール・ド・ブラへ

指先や手首がガチガチにかたまってしまっていませんか？バレエでは表現力のある柔軟な腕が必要。このストレッチで腕全体の緊張を解き放ちましょう。

1 手先、指先をキレイにするエクササイズ

かたまっている指先から力を抜くために、脱力して手首をブラブラさせます。左右どちらの手も行います。

2 スワンアームスで二の腕引き締め

左右各5回 × 2セット

スワンアームスは優雅な動きと、女性の気になる二の腕が引き締まることで人気です！　白鳥の羽ばたきをイメージしてやわらかく動きましょう。

1 肩も腕もリラックス

最も大切なことは力を入れすぎないこと。ひじをストンと落として準備です。

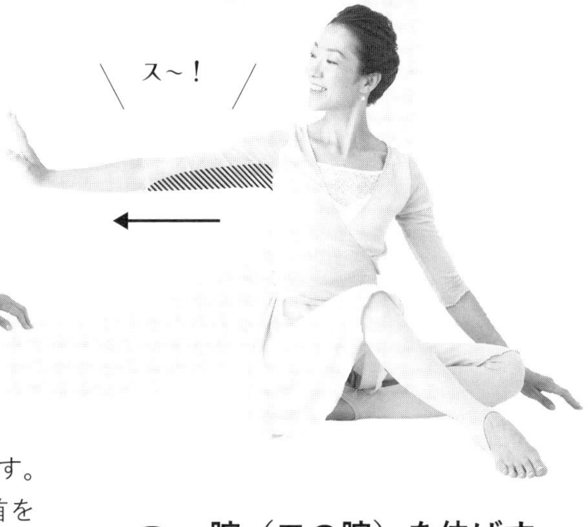

3 手首ではじく

最後は手首でフワ～リとはじきます。肩に力を入れずにやわらかく手首を使います。指が突っ込んでしまうのはNGです。左腕も同様に行います。

2 腕（二の腕）を伸ばす

空気の壁を、手首で遠くへ押し出すイメージで腕を伸ばします。背中から腕が伸びるようにイメージすると、軸がしっかりします。より美しい羽ばたきになるので意識してみて！

NG!　肩や指先に力を入れない。やわらかくプッシュ！

3 スワンサイドストレッチ

左右各3回
×
2セット

脇腹、肋骨、肩まわり、背中、腰まで一気に伸ばすことのできる万能ストレッチです！　呼吸が深まり、肩や背中のしつこいコリの解消にも効果的です。

1 背筋を伸ばして座る

上半身を引き上げつつ座り、右脚を立てて少し前に出します。両腕は体の左右に広げて、顔は左側へ向けます。

2 大きく腕を上げる

息を吸いながら、白鳥が羽ばたくイメージで左腕を大きく上げます。両腕が細く長く見えるように、肩甲骨から離して動かします。肩の力で腕を上げないように、体幹からボディを引き上げておきましょう！

腕が上がりづらい場合は……

肩回しエクササイズ

まずは肩と肩甲骨を緩める動きをしてみましょう。

左右各3回×2セット

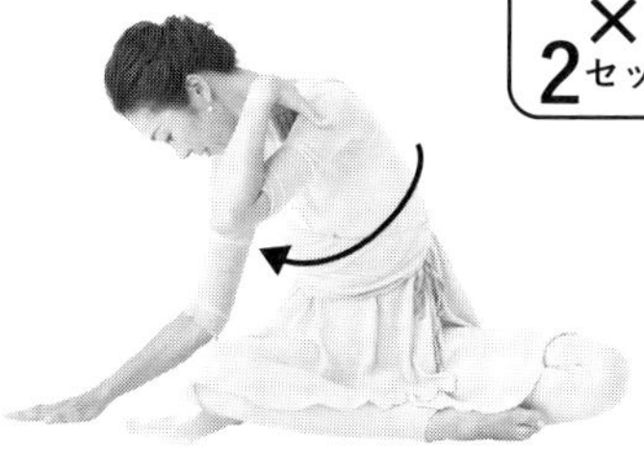

1 腕を肩に添える

楽な姿勢で座り、左ひじをななめ前から回していきます。

2 脇を伸ばす

息を吸いながら、ひじを無理なく上に向けます。

ほぐれる~

3 背中からしっかり回す

大きくしっかりひじを回すと、胸も背中もほぐれてきます。もちろん最初はかたいので、できる範囲でOK！　右肩も同様に行います。

NG! 前にかぶさってしまっています。体の引っ張り合いがありませんね。

腰と引っ張り合いっこ
お尻は浮かないように！

3 腕とともに上体を右側へ

息を吐きながら、左腕を右側に伸ばしていきます。脇をしっかりストレッチ！　右腕も体勢を変えて同様に行います。

4 肩甲骨と腰のストレッチ

左右各3回 × 2セット

「どうしても腕がかたくなってしまう……」。そんな悩みは大人バレエあるある！　バレエのアームスは背中と一体なので、肩甲骨と腰の柔軟性をしっかり高めていくと、見違えるように美しく動かせます。

1 股関節をしっかり伸ばして準備

右脚を立てひざにして、左脚を後ろに伸ばして座ります。急に動かすと怪我のもとなので、まずは股関節をよくマッサージしておいて。

少しずつ
体勢を整えて
いけばOK！

2 右脚を曲げて前後に開脚

この体勢がつらい人は、曲げている右脚のお尻の下にクッションを敷いてもOK。

3 腕で円を描く

息を吸いながら、円を描くように左手を上げていきます。胸はしっかり開いて、目線は遠くへ。

NG!

腕も落ちて目線も落ちています。脇も伸ばせていません。

4

息を吐きながら、上体を腕といっしょに倒していきます。なるべく遠くへ腰も伸びるように！　右腕も体勢を変えて同様に行います。

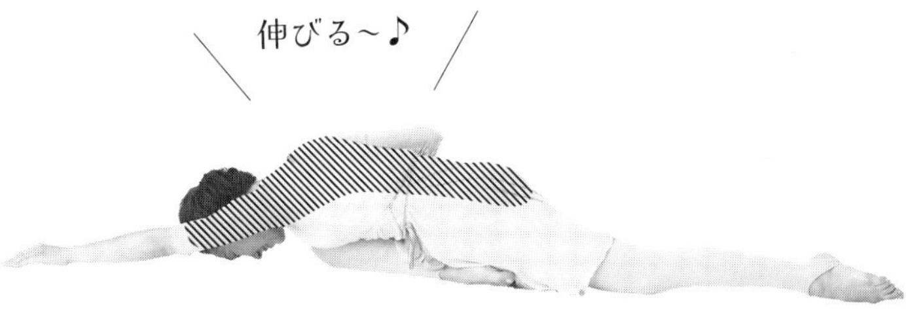

憧れの美脚に近づくレッグワーク

バレエの美しい動きを支えるのは、下半身！
「股関節・お尻・内もも」を矯正していきましょう。

1 美脚を叶える「アンディオール」

8回 × 2セット

股関節をやわらかくして、アンディオールをつくりましょう！

足先は
ポイント！
お腹は薄く！
引き上げて！
腰は立てる

1 腰を立てて座る

軸を意識して、腰を立てて座り、脚はそろえて伸ばします。頭の先とお尻の下を引っ張り合う力を利用して、お腹を薄くするように引き上げます。足先は伸ばしてポイントに。

2

両脚でダイヤ型をつくる

ポイントのまま、小指側のつま先を床につけます。手前へ引き寄せると、両ひざが曲がってダイヤ型になります（NGに気をつけて！）。

足先までアンディオール！

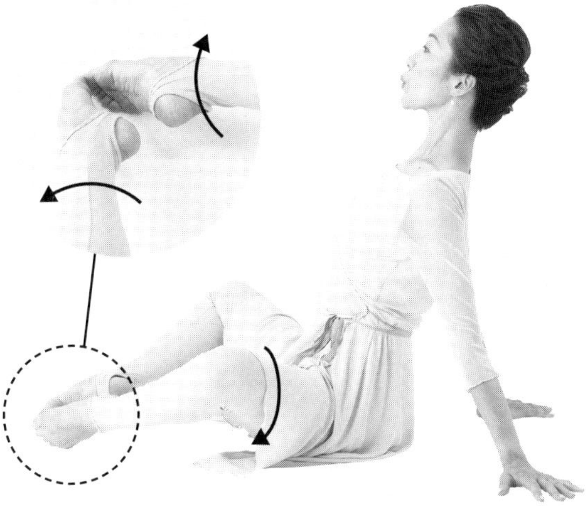

息を吸って

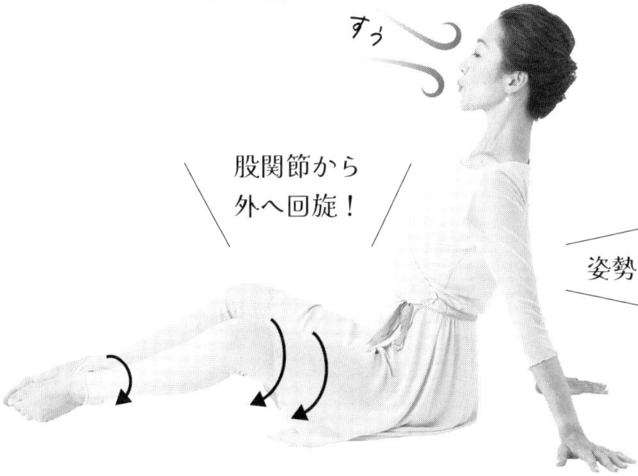
すぅ
股関節から
外へ回旋！
姿勢キープ

NG!

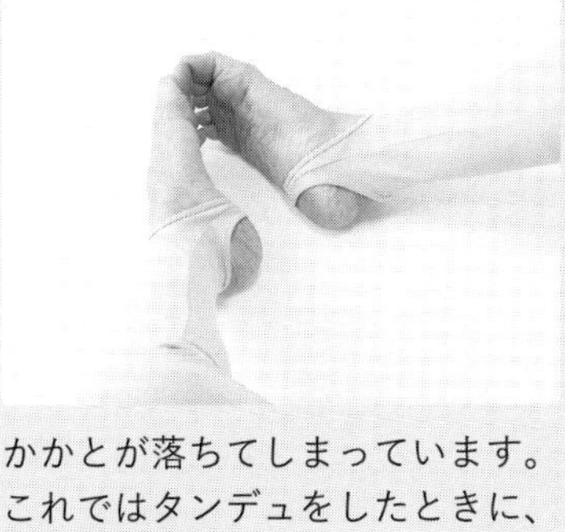

かかとが落ちてしまっています。これではタンデュをしたときに、バナナ足になってしまいます。足先までアンディオールができていれば、かかとは上がります。

3

脚を伸ばす

ポイントのまま、両脚を長く伸ばして*1*へ戻ります。

吐きながら

ふぅ
内ももを
がんばって締め切って！

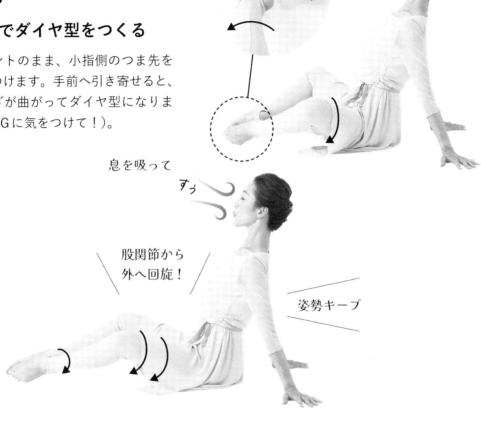

2 ヒップアップエクステンション

左右各5回 × 2セット

アンディオールと美脚に不可欠なお尻トレーニングです。
ジャンプやアラベスク※がとてもしやすくなりますよ！

※片脚で立ち、もう片方の脚を後ろに伸ばすポーズ

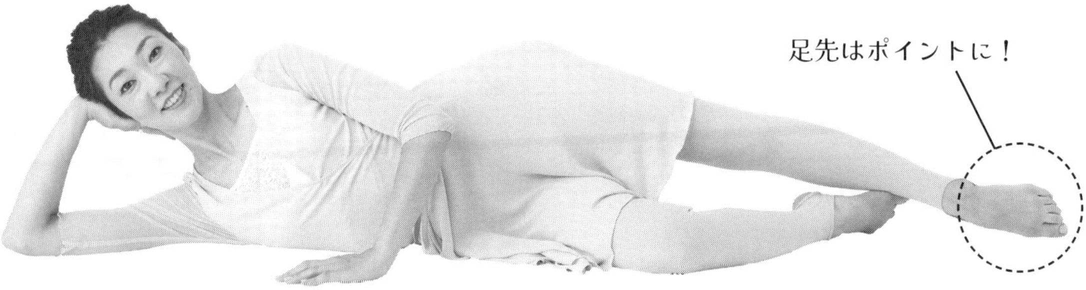

スタートの姿勢も大切ですよ！
足先はポイントに！

1 横向きに寝る

下の足は曲げてバランスを保ちます。右手で頭を支え、左手は体の前につきます。

NG!

腹筋や首が抜けて、肩が詰まってしまっています。

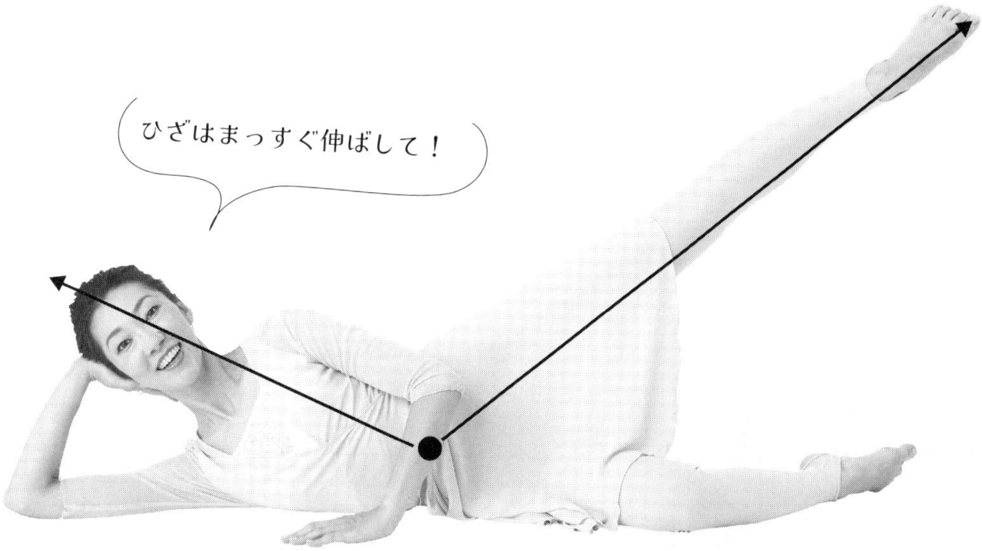

2 左脚を上げ下げ

手に寄りかからないようにして、脚をゆっくりと上げ下げします。骨盤がグラグラしないよう、脚のつけ根を動かします。お尻を使っているなと感じるところまで上げましょう。アンディオールは気にせずに、フラットに上げてみて。右脚も同様に行います。

3 使ったお尻はしっかりほぐして

終わったら、負担のかかったお尻の筋肉をしっかりほぐしましょう。

3 脚上げシャンジュマン

8回×2セット

「ひざが曲がってしまう」というのも大人バレエあるあるですね。日常生活で緩んだお尻と内ももが原因ですが、足を上げることでむくみも解消できるおすすめトレーニングです。

1 仰向けになって脚を上げる

つま先を伸ばして右脚前の5番ポディションに。
脚を上げるのがきつい人は、お尻にクッションを敷いてチャレンジを。壁を使ってもOK！

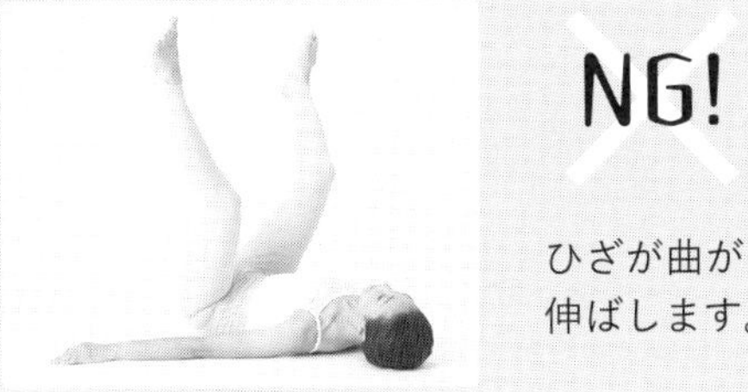
NG!

ひざが曲がらないようにまっすぐ伸ばします。

2 左右に脚を開く

スーッと脚を開きます。無理せずに開くところまででOK。

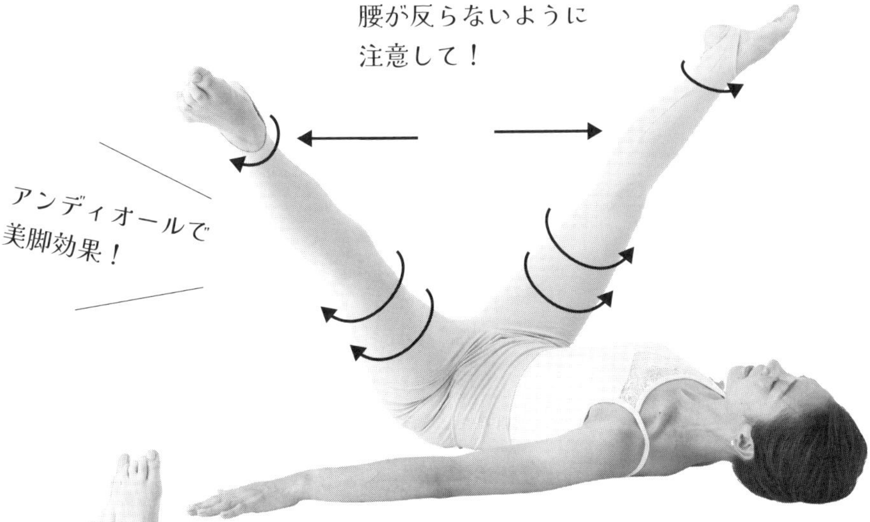
腰が反らないように
注意して！
アンディオールで
美脚効果！

3 脚をピタッととじる

脚を組み替えて（シャンジュマン）ピタッととじます。アンディオールをしっかり意識して。

ハサミのように
ピタッ！

Column

4

バレエあるある

バレエの世界に一歩踏み出してみると、いろいろな疑問や悩みにぶつかることが多いかもしれませんね。初心者の方たちのよくある悩みを紹介しましょう。悩みは伸びしろ！　解決ページをご活用ください。

バナナ足

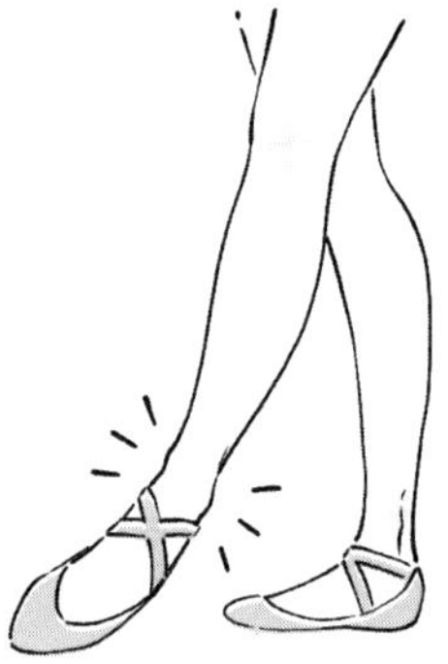

アンディオールができていないために、足首から先が内側に曲がってしまっている状態。その形がバナナやかまに似ていることからこういわれます。形が美しくないのはもちろん、怪我の原因にもなります。足の先までアンディオールすることを忘れずに。➔P24～25へ

無呼吸

脚を高く上げたり、ポディションをキープするときなど、つい呼吸を忘れがちに。でも息を止めると体がかたくなって、やわらかい動きができません。とくに息を吐くことを意識してみてください。➔P30～31へ

肩や背中がガチガチ

スマホの見すぎなどで、とくに肩から背中の動きがかたい方が多いですね。バレエは肩のラインがとても大切です。肩がガチガチだとデコルテや首の美しいラインが生まれません。レッスン前にしっかりストレッチしておきましょう。➔P68～P70へ

Column

5

しなやかさは内側から育む

私が実践している「食事」のこと

旬の野菜は本当にご馳走！

一年中、毎食欠かさないのがたっぷりの旬野菜をいただくことです。春はポタージュで、夏はガスパッチョやラタトュイユ、秋はけんちん汁、冬は温野菜など、季節によって野菜の甘みも全然違うので、四季を楽しむ意味でもたっぷりいただきます。野菜に多く含まれるビタミンやミネラルなどの栄養素は、体の調子を整えてくれるので、元気が出ます！

日本人の体質に合うものを

切り干し大根やひじき煮やおひたし、玄米や米麹《こめこうじ》など、母や祖母が愛情込めてつくってくれた料理を私も家族へ引き継いでいます。今はオンラインレッスンで食事面のこともお伝えしています。

発酵食品で腸活

美肌やアンチエイジングにも、腸内環境を整えることが大切です。発酵食品は腸の調子を整えるので、酵素玄米や味噌汁は毎日の食卓に欠かせません。腸内のよい菌を増やすためにも、続けて食べることを心がけています。

夜の食事はひかえめで

内臓を休ませてあげると、翌日、動いていて体がとっても軽いんです！寝る２、３時間前の食事の量が多すぎると、寝ている間も臓器や脳が働き続け、体が休まりません。夕食を軽めにしたり、早めに終えて内臓を休ませる時間をつくると、むくみも取れ、体が一気に軽くなります。

大人バレエが賑わっています！

大人になってからバレエを始められた生徒さんたちの声を紹介します。
皆さん、ご自身の体と向き合い、うれしい変化を実感されています！

更年期で体調がよくなかった時期に、玲子先生のバレエと出会いました。バレエを始めてから、背中が伸びて血流がよくなり、自律神経が整ってきました。日々、気持ちのよい日を送ることができています！　（A.Cさん・大人バレエ歴２年）

毎回のレッスンは、自分の体と対話する時間です。レオタードをまとい、玲子先生の柔らかい笑顔に迎えられ、呼吸と音楽と体を調和させる……。50歳でバレエの世界をノックして、日常が舞台へと変わりました！
（I.Nさん・大人バレエ歴７年）

自分の体を愛《め》でる大切さを教えてくれたのが、玲子先生のバレエ。自分自身の素敵な部分に気づかせてくれ、何ごとにも前向きになれました。姿勢がよくなると体が本当に楽！　すっかり、玲子式バレエにハマっています（笑）。
（K.Sさん・大人バレエ歴７年）

素敵な音楽に合わせて、指先やデコルテをキレイに見せるバレエの所作は、女性らしい動きの連続で、心が潤います。「楽しく美しく体幹を鍛える」ことができる玲子先生のバレエを続けてきて、体調も心も整ってきたことを感じます！
（S.Kさん・大人バレエ歴４年）

バレエを始めてから、姿勢や体のラインが変わってきたと実感しています。姿勢や所作を褒められる機会も増えました。大人からバレエを始めて、新しいことに挑戦する喜びややりがいが得られました！

（T.Sさん・大人バレエ歴10年）

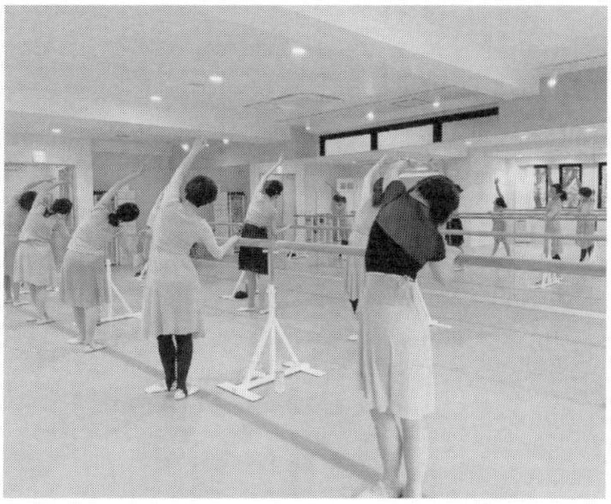

産後３カ月目に玲子先生のバレエに出会いました。抱っこでガチガチの肩まわりが軽くなり、歪《ゆが》んだ骨盤も足先からキューッと締める「魔法の引き上げ」で変わりました。バレエの姿勢や所作を取り入れて、育児中も美しく軽やかな気分に！

（N.Fさん・大人バレエ歴２年半）

８年間バレリーナストレッチを継続できたのは、毎回体の変化を実感するから。玲子式バレエの姿勢づくりを通して、体にも心にもしっかりと軸がつくられたようです。玲子先生のメソッドで、これからも自分の可能性を広げていきたいです！　（H.Tさん・大人バレエ歴８年）

８年間バレエを続けてきて、肩や首の痛みや手足の冷えが緩和。体が少しずつしなやかになり、顔色もよくなってきました。どんなときも丁寧に向き合ってくださる、玲子先生。先生の明るく清らかな人柄とエネルギーに、こちらも元気になります！（H.Nさん・大人バレエ歴８年）

バレエ用語集

バレエ用語は主にフランス語です。ここでは、本書で使用する用語を中心に紹介します。レッスン中の先生の指示は、これらの言葉が使われるので、覚えておきましょう！

あ

✦ア・テール　→P42
「地面に」という意味で、つま先が床についている状態。

✦アティテュード　→P46
片脚で立ち、もう片方の脚を上げてひざを曲げるポーズ。

✦ア・ラ・スゴンド　→P21
「２番ポディションに」という意味で、横に開く動作を表す。脚と腕、どちらを横に開くときにも使われる。

✦アラベスク　→P84
片脚で立ち、もう片方の脚を後ろに伸ばすポーズ。

✦アロンジェ　→P55
「引き伸ばされた、長くした」という意味で、腕のポディションのこと。ひじから先だけを動かして、手のひらを下に向けて伸ばす動き。

✦アン・オー　→P21
「上に」という意味で、腕のポディションのこと。アン・ナヴァンから、そのまま上へ腕を上げる。

✦アンディオール　→P22
「外側へ」という意味。脚を前から後ろに動かす外回しのこと。また、バレエで股関節から脚を外側に開く体の使い方、英語での「ターン・アウト」を意味する場合も。

✦アン・デ・ダン　→P42
「内側へ」という意味で、回転や旋回の方向を表す。脚を後ろから前に動かす内回しのこと。

✦アン・ナヴァン　→P20
「前方に」という意味で、腕のポディションのこと。アン・バーから、中指がみぞおちにくる位置まで、腕を上げる。

✦アン・バー　→P20
「下に」という意味で、腕のポディションのこと。脇にボールをはさんでいるようなイメージで、腕を下におろして楕円をつくる。

✦アン・ファス　→P53
「正面を向いて」という意味で、体の方向を表すポディションのこと。顔も体も客席に対して正面向きになる。

✦エカルテ　→P58
「離れた」という意味で、体の方向を表すポディション。体は観客に対してななめ向きで、正面（客席）に近い方向に脚を出した場合は「エカルテ・ドゥヴァン」、舞台の奥に向けて脚を出した場合は「エカルテ・デリエール」という。

✦エファセ　→P53
「消し去る、外す」という意味で、体の向きを表すポディション。観客に対してななめ45度になる。同じななめ向きになる「クロワゼ」との違いは、正面から見たときにダンサーの脚が交差していないこと。

か

✦カンブレ　→P30
「アーチ状に曲げる」という意味で、上半身を前・後ろ・横に、アーチ状に曲げる動き。

✦クペ　→P36
「切る」という意味で、片足を軸脚のくるぶしにつける動き。

✦グラン・プリエ　→P34
グランは「大きい」という意味。かかとが浮くくらいまでひざを深く曲げるプリエのこと。ただし2番ポディションでは、グラン・プリエでもかかとを浮かせない。

✦クロワゼ　→P53
「十字型、交差した」という意味で、体の向きを表すポディション。観客に対してななめ45度になる。前から見ると脚が交差してXに見える。

✦ポール・ド・ブラ →P54

「腕の運び」という意味。基本の腕のポディションを通って腕を動かしていく。

✦ポディション

クラシック・バレエでは手や足をおく位置が決まっていて、それをポディションという。

ら

✦ルティレ →P36

「引っ込む」という意味で、つま先を軸脚のひざにつけるポディションのこと。

✦ルルヴェ →P40

「持ち上げる」という意味で、かかとを持ち上げて足指の裏を床につけたまま立つ（ドゥミ・ポアント）動き。

✦レヴェランス →P62

「お辞儀」という意味。レッスンの最後に、先生や、ピアニストに感謝の気持ちを込めてお辞儀をすること。舞台でのカーテンコールでも、ダンサーが観客に対して行う。

✦ロン・ド・ジャンブ・ア・テール →P42

「丸い・脚・地面に」という意味で、脚を伸ばし、つま先で半円を描く動き。前から後ろに動かす外回し（アンディオール）と、後ろから前に動かす内回し（アン・デ・ダン）がある。

は

✦パ →P7

「ステップ、歩み」の意味で、バレエのステップや動きの総称。

✦パッセ →P36

「通過する」という意味で、片脚のつま先を軸脚のひざにつけるポディション。ルティレともいう。本来パッセは、ルティレを通過する動きを指すが、同じ意味で使われる。

✦フォンデュ →P46

「溶ける」という意味で、両脚のひざを曲げ、軸脚を伸ばしながら、動脚を前、横、後ろのいずれかの方向に伸ばす動き。ひざをやわらかく使う。

✦プティ

「小さい」という意味で、「プティ・アレグロ」「プティ・バットマン」などのように使う。

✦フラッペ →P44

「たたく、打つ」という意味で、つま先で床を打つようにして蹴り出す動き。

✦プリエ →P32, 34

「折りたたむ」という意味で、ひざを曲げる動きのこと。曲げる深さによって「ドゥミ（半分）・プリエ」「グラン（大きい）・プリエ」がある。

✦フレックス →P24

「曲げる」という意味で、つま先を上げ、足首を曲げた状態のこと。

✦ポイント →P24

「先端」という意味で、足の指先までしっかり伸ばした状態や、つま先で立つこと。

さ

✦シャンジュマン →P49

「変える、変更」という意味で、ジャンプの種類の１つ。５番ポディションで両脚で踏み切って真上に跳び、脚の前後を入れ替えて着地する。

✦シュス →P41

「上に・下に」という意味で、両足のつま先を1本の脚に見えるくらい隙間なく引き寄せて、ドゥミ・ポアントで立つ動き。

✦ソテ →P48

「跳ぶ」という意味。ソテ・アラベスクのように、ある動きにソテがつくと、跳びながらその動きをしていることになる。

た

✦タンデュ →P38

「張る」という意味で、ひざを伸ばして、前、横、後ろの方向へ脚を出す動き。正式には「バットマン・タンデュ」という。

✦デリエール →P57

「後ろに」という意味で、脚の位置を表す。体の後ろに脚を出すこと。

✦ドゥヴァン →P56

「前に」という意味で、脚の位置を表す。体の前に脚を出すこと。

✦ドゥミ

「半分の」という意味。「ドゥミ・ポアント」なら足指の裏を床につけたままかかとを高く上げた状態、「ドゥミ・プリエ」ならひざを軽く曲げる動き。

おわりに

本書をお手にとってくださり、本当に、ありがとうございました。

バレエの世界は今、あなたにどのように寄り添っていますか？

実は、私とバレエとの関係はあまりよくない時代が長かったんです。それはバレエという世界が厳しく、精神的にも肉体的にも疲弊《ひへい》しきっていたのだと思います。

そんなバレエの世界が、美しいものだと気づかせてくれた1つが、社会人としてのキャリアでした。バレエの世界から離れ、仕事に没頭《ぼっとう》したことで、ある意味バレエの新しい魅力に開眼できたのだと思います。

何より、小さな頃から一番そばにいた母がどんな時も明るく、日常の中に美しさや愛が溢れていると教えてくれたことが、私の「美意識」の原点になっています。

本書を手にとってくださる皆さまも、きっとそれぞれにきっかけがあって、バレエにたどりつかれたことと思います。

「バレエは難しい……」、そんな不安は一度置いておいて、どうか、「自分の体」と「美しさ」だけに集中する時間を楽しんでください。

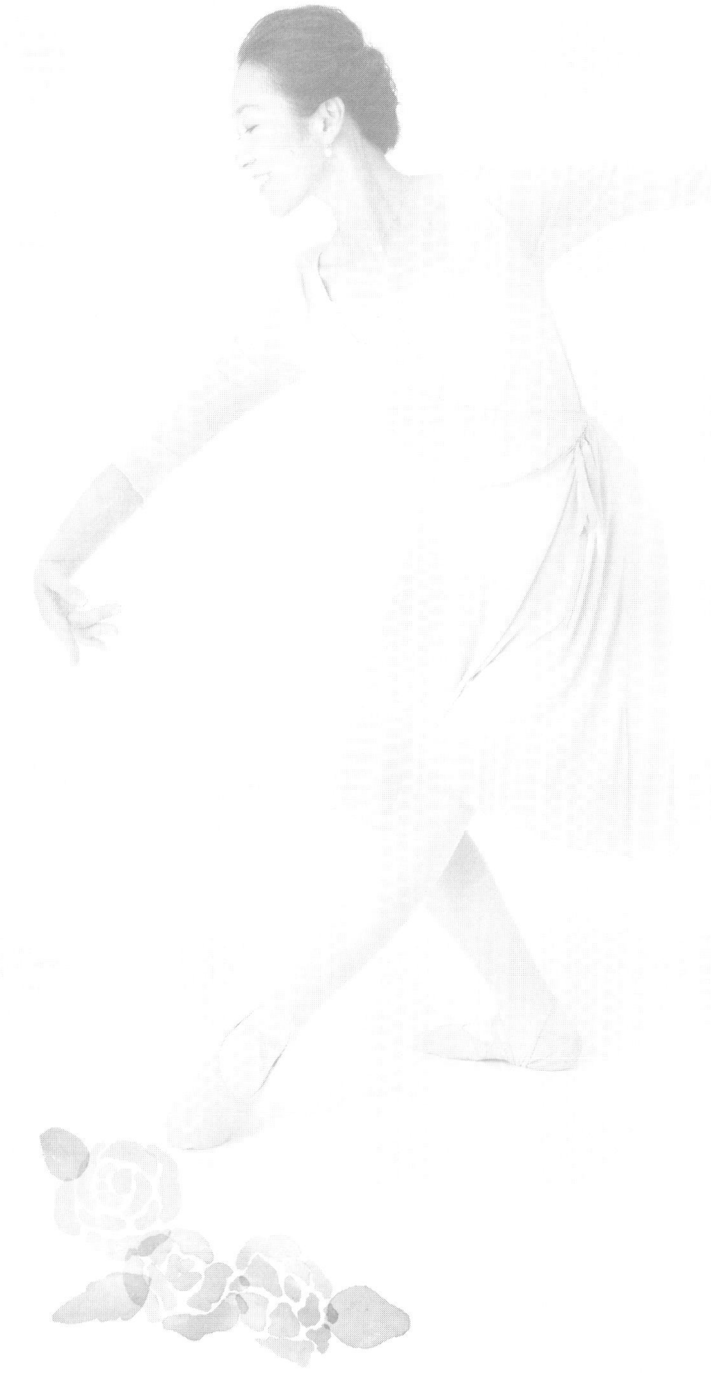

誰でも年齢は重ねますが、年齢を重ねてこそ深まる美しさが、必ずあります。
それが、バレエという芸術の世界です。

背筋を伸ばして、目線を高く。デコルテを開けて、優雅に腕を伸ばして！
日常にはない動きにチャレンジすることで、心が高なり、体が美しくなります。そして、バレエが毎日の生活にハリを与えてくれます。
バレエで、皆さまの人生が彩り豊かになりますよう、心から願っています！

【著者紹介】

龍岡玲子（たつおか・れいこ）

クラシックバレエ講師、パリ・オペラ座教授法 / ロシア・ワガノワ教授法ディプロマ取得講師。フードマネジメント協会認定Healthy&BeautyFoodアドバイザー。アメリカにて3歳よりクラシックバレエを習う。IT企業を経て、家業であるバレエ教室で指導する他、東京・表参道でプライベートスタジオを主宰。バレエ未経験者も楽しく行えるバレリーナストレッチを考案。オンラインレッスンでは食事面と体づくりを指導する他、企業向け研修やボディメイク監修を行う。ウエアブランド〈Pas de Chat〉を発表し、バレエを軸に女性のしなやかで美しいライフスタイルをサポート。

★ Instagram

参考文献

「日本女性骨盤底医学会誌」（日本女性骨盤底医学会）

『女性を元気にする「骨盤インフラ療法」』
中井暲典 著（講談社エディトリアル）

Staff

ブックデザイン　朝田春未

撮影　田口陽介（株式会社七彩工房）、金子 由（カバープロフィール写真）

スタイリング　小林奈央子（株式会社七彩工房）

ヘアメイク　福井乃理子（シードスタッフ）

イラスト　町田季句

編集協力　円谷直子

校正　株式会社ぷれす

美しいしぐさが身につく
ずっと憧れていた！ いちばんやさしい大人のバレエ・レッスン

2023年11月9日　第1版第1刷発行

著　者　龍岡玲子

発行者　村上雅基

発行所　株式会社PHP研究所

京都本部　〒601-8411　京都市南区西九条北ノ内町11
〔内容のお問い合わせは〕暮らしデザイン出版部 ☎075-681-8732
〔購入のお問い合わせは〕普及グループ ☎075-681-8818

印刷所　大日本印刷株式会社

ISBN978-4-569-85588-2